Warum Asien? Eine Liebe in Geschichten

Ich danke Anna und Darius, Khun K., Kyaw, Meas, Ning, Sam, Siangkhong, Sudirmann, Timmy und vielen anderen Menschen in Asien, deren Namen ich nie kennengelernt habe.

Außerdem danke ich meinem Schwiegersohn Christian für unerlässliche technische Hilfe und natürlich meiner Frau Margarete für Kritik und Ermunterung.

Dietrich Schilling

Warum Asien?
Eine Liebe in Geschichten

2.Auflage September 2014

Copyright © 2012 Dietrich Schilling. Alle Rechte vorbehalten.

Herstellung und Verlag: Books on Demand GmbH, Norderstedt

Umschlaggestaltung, Satz und Layout: Christian Fillies

Fotos: Dietrich Schilling,

außer S.63 und S.116: Sabine Heidemarie Haslach-Niemeier

Printed in Germany

ISBN: 9783848252633

Inhaltsverzeichnis

„Was suchst du eigentlich in Asien?"

Obwohl ich seit vielen Jahren immer wieder in süd- und südostasiatische Länder reise, fällt es mir schwer, diese Frage zu beantworten.

„Die Wärme." - „Das Licht." - „Die Kultur." – „Die Menschen."

Das alles stimmt natürlich und sagt doch gar nichts. Diese Antworten stellen mich nicht zufrieden. Da muss noch etwas anderes sein.

Und wie jemand, der auf einer Wanderung etwas verloren hat und den bisher zurückgelegten Weg noch einmal genau absuchen will, kehre auch ich um und gehe denselben Weg noch einmal.

Der erste Tag, die erste Nacht:
Schnelle Bekanntschaften

Die erste Reise war gar nicht geplant. Sie liegt 40 Jahre zurück. Damals hatte mich ein Kollege gefragt, ob ich mitkommen wolle nach Thailand. Daraufhin habe ich ihn angeguckt, als sei er nicht ganz normal. In England war ich schon oft gewesen, auch in der Schweiz, sogar in der damaligen UDSSR. Aber Thailand?

„Ich habe eine Freundin in Bangkok. Wir können bei ihren Eltern wohnen", sagte der Kollege.

Es kam anders, und mit ein bisschen Verstand hätte ich mir das auch vorher klarmachen können. Denn die Eltern seiner Freundin hielten nicht viel davon, dass zwei junge Männer aus Europa ihre Tochter besuchen und mit ihr unter einem Dach leben sollten. Leider erfuhr ich davon erst, als ich bereits in Bangkok gelandet war. So blieb mir nichts anderes übrig als in ein Hotel zu ziehen.

Die billigsten lagen damals an der Sukhumvit. Dort betrat ich mit klopfendem Herzen ein Zimmer. Nackte Betonwände! Als ich den schweren Vorhang zur Seite zog, um aus dem Fenster zu schauen, sah ich, dass es vergittert war. An der einen Wand stand ein riesiges Bett aus zusammengehauenen Teakbrettern, frisch bezogen, aber mit wollknäuelähnlichen Staubschlieren in den Ecken. Gegenüber ein Schrank, dessen Türen sich gerade noch in den Angeln halten konnten; außerdem ein kleines rundes Tischchen nebst zwei völlig verschlissenen Sesselchen. Es war längst dunkel draußen, und ich traute mich nicht noch einmal hinaus auf die unbekannte Straße; außerdem war ich müde von der Reise. So packte ich meinen Rucksack aus und verstaute meine wenigen Siebensachen auf einer Staubschicht im Schrank.

Als ich mir die Zähne putzen wollte, fiel mir auf, dass kein Waschbecken im Zimmer war. Aber eine Tür war da noch. Ich öffnete sie vorsichtig, und ein fetter Käfer (bald lernte ich, dass es eine Kakerlake war) huschte blitzschnell in eine Maueröffnung neben der Badewanne. Richtig: Badewanne! Da stand eine riesige Badewanne! Unterhalb des angerosteten, von Isolierband zusammengehaltenen Wasserhahns hatten sich braunschwarze Flecken auf der Emaille ausgebreitet. Aber aus dem Wasserhahn kam tatsächlich Wasser, sogar heißes, wenn es auch einige Zeit dauerte, bis es seine bräunliche Farbe und den unangenehm muffigen Geruch verloren hatte.

Bloß kein Wasser trinken, und beim Zähneputzen immer welches aus der verplombten Flasche benutzen! Das hatte ich mir eingeprägt, als hinge mein Leben davon ab. Ich traute mich nicht einmal, das Wasser aus dem Wasserhahn zum Gesichtwaschen zu benutzen, sondern tupfte es nur vorsichtig ab. Mein Respekt vor den Krankheitserregern, die unsichtbar auf der Lauer lagen und mir an die Organe wollten, war ungeheuer. Noch vor wenigen Wochen hatte mir im Hamburger Impf-Institut eine korpulente, redefröhliche medizinische Assistentin phantasievoll erläutert, wo mein Körper überall angreifbar ist und mit welchen fürchterlichen Symptomen ich zu rechnen hätte, wenn ich nicht jede Sekunde abwehrbereit sei.

Das Bett war überraschend angenehm und stabil. Ich wunderte mich nur, dass Laken und Decke so stramm unter die Matratze gestopft waren, dass ich kaum die Beine ausstrecken konnte. Wenn ich mich auf den Rücken legte, kam es mir vor, als säße jemand auf meinen Zehenspitzen. Und als ich das Licht gelöscht hatte, wunderte ich mich erneut: Wieso hatte ich den Lärm von der Straße noch nicht eher wahrgenommen? Komisch nur, dass ich neben all dem Gehupe und Geschrei von draußen meinen eigenen Atem hörte!

Am nächsten Morgen wachte ich auf, weil es mir vorkam, als steche ein Scheinwerfer in mein Gesicht. Ich hatte am Abend zuvor aber nur vergessen, den Vorhang wieder vorzuziehen. So drang die Sonne durch das Fenstergitter in mein Zimmer und ließ es entschieden freundlicher aussehen als am Abend zuvor. Die Betonwände wirkten im Tageslicht längst nicht mehr so nackt und abweisend.

Ich stand auf und guckte hinaus in die neue Welt. Draußen, unterhalb des Fenstersimses, zogen sich gewaltige Kabelstränge von einer zur anderen Seite, zigfach verknotet und geflickt. Wie sich in einem norddeutschen Knick nach Jahren allmählich die Erde anhäuft, so hatten sich hier Klumpen von Staub und Dreck und Plastikfetzen zwischen den Kabeln angesammelt. Unterhalb dieser depressiv machenden Grau- und Schwarztöne wurde es aber schnell bunter. Wieviele Menschen da vorbeiwuselten! Wieviele gelbe und rote, grüne, violette Tücher um schwarze Haarschopfe gewickelt waren! Abgaswolken drangen aus den seltsamsten Fahrzeugen, die sich ununterbrochen in Ausweichmanövern befanden. Das sah attraktiv aus, und innerlich streckte ich mich. Fühlte mich als Weltenbummler. Ich in Bangkok! Unglaublich!

Als ich herausgefunden hatte, wie der Türknopf funktionierte und wie man das Zimmer auch ohne den Schlüssel zu benutzen verriegeln konnte, stieg ich die Treppe hinab um zu frühstücken. Ohne dass mich irgendjemand nach einer Bestellung gefragt hätte, stand sehr bald ein Teller mit zwei Spiegeleiern, Speck, Toast, einem hauchdünnen Scheibchen Gurke und einer halben angebratenen Tomate vor mir. Außerdem eine Tasse Nescafé und eine Dessertschale mit einer Scheibe Ananas. Echte, frische Ananas! Nicht aus der Dose! Toll, wie das alles klappte mit meiner Reise! Der Salzstreuer war verklebt, aber man konnte den Deckel abschrauben und Salz aus dem kleinen Fäßchen kratzen. Es schmeckte mir wunderbar.

Nachdem ich mir die Zähne geputzt hatte – mit Mineralwasser aus der verplombten Flasche! -, wagte ich mich hinaus auf die Straße. Und was mir gestern abend schon am Flughafen begegnet war, erlebte ich nun ein zweites Mal: die heiße, schwüle Luft, die wie eine Faust gegen Gesicht und

Brustkorb stieß, kaum dass ich das Haus verlassen hatte. Sie drang in meine Kleidung, in die Achselhöhlen, in die Nase, hinter die Ohren, ja, ich hatte das Gefühl: sogar in den Magen. Unmittelbar darauf schlug sogleich die zweite Welle über mir zusammen: aus Speiseöl, Rauchschwaden und einer unglaublichen Menge von Knoblauch, denn unmittelbar neben dem Eingang des Hotels wurde schon am Morgen gebraten, frittiert und gegrillt. Heute nehme ich das nicht mehr war. Aber damals, vor 40 Jahren, muss ich da gestanden haben, als wäre ich auf einem anderen Planeten gelandet. Minutenlang konnte mich nichts dazu bewegen, auch nur einen Fuß vor den anderen zu setzen; wer weiß, wohin er mich getragen hätte. Erst allmählich setzten sich die Bildfetzen zu einem Gesamtwerk zusammen, das eine vierspurige Straße darstellte. Gegenüber, auf der anderen Seite, erkannte ich einen bookshop. Ja, dachte ich, das ist gut, da gehst du mal rein, das ist eine Welt, die du kennst. Aber wie sollte ich dahin gelangen? Wie sollte ich den pausenlos von links nach rechts und ebenso von rechts nach links strömenden Fahrzeugstrom überwinden? Kaum öffnete sich irgendwo eine Lücke, schoß ein Moped oder eines dieser dreirädrigen Taxis mit Sitzbank hinein, die sich TukTuk nennen. Es war wie eine Offenbarung: so sieht es in einer Weltstadt aus, einer Metropole!

Irgendwann entdeckte ich die aus Rohbeton konstruierte Fußgängerbrücke, die die Straße überspannte. Auf der untersten Treppenstufe döste ein Bettler in der Morgensonne, neben sich eine Schale mit Essensresten, voller Fliegen; das krabbelte wie in den Ameisenhaufen, die ich aus den Waldspaziergängen von zu Hause kannte.

Der Bettler war nicht der einzige. Ich wagte nicht genau hinzugucken, weder bei ihm noch bei den anderen, denn sie alle schienen ihr Schamgefühl verloren zu haben. Frauen waren auch darunter. Eine in den Zwanzigern, mit zwei Kindern. Sie alle hockten auf dem dreckigen Betonboden und streckten mir ihre dreckigen Hände entgegen, als ich mich vorbeidrückte und versuchte, so zufällig wie möglich in eine andere Richtung zu gucken. Die Mutter, das hatte ich nicht übersehen können, hatte keine Unterwäsche am Leib. Ich schämte mich. Wie häßlich konnte so eine Weltstadt sein.

Im Bookshop hatte ich Regale mit Büchern erwartet und wurde nicht enttäuscht; es war fast wie zu Hause. Ein System war in der Anordnung der Bücher aber nicht zu erkennen. So zog ich hier und dort eines hervor, blätterte darin, steckte es zurück. Der Laden war angenehm kühl. Hier würde ich mich eine Weile verstecken können vor dem Gebrodel draußen.

Schließlich fiel mir buchstäblich, aus einem prallvollen Regal, ein Stadtplan von Bangkok in die Hände, den ich sofort kaufte. Der Preis dafür war lächerlich niedrig. Doch es war nahezu unmöglich, meinen Standort darauf auszumachen. Ein Verkäufer, den ich um Hilfe bat – was nicht einfach war, denn er verstand kein Englisch-, schaute beunruhigend lange auf den Plan, fuhr mit dem Finger orientierungslos und in einer für den Maßstab atemberaubenden Geschwindigkeit rauf und runter durch die ganze Metropole und lächelte mich an. Warum sollte ihm auch gelingen, was mir unmöglich war? Er zog sich ehrenvoll mit einem Wai zurück - dabei ging er, sich verbeugend, tatsächlich rückwärts – und überließ mich allein der Lösung des Rätsels. Irgendwann konnte ich dann doch die endlos lange Sukhumvit mit ihren unzähligen Sois, den kleinen, rechts und links von ihr abzweigenden Gassen ausmachen, und irgendwann auch meine Soi. Hätte ich gleich einen kräftigen Kreis mit einem Kugelschreiber um diesen Standort gezogen, hätte ich mir für die folgenden Tage viel Suchen erspart.

Beim Verlassen des Bookshops schaute ich hinüber zu meinem Hotel und versuchte, mir die Umgebung einzuprägen, damit ich das Haus auch wiederfände; dann wandte ich mich Richtung Innenstadt. Aber was bedeutet schon Innenstadt? Bereits in den siebziger Jahren war Bangkok ein ungeheures Labyrinth. Für Augen, die sich zum erstenmal hier zurechtfinden mussten, sah alles gleich aus. Die Buchstaben über den

Geschäften gaben sich wunderschön exotisch, hatten aber keinerlei Informationswert für mich.

Nach einem endlos langen Fußmarsch immer geradeaus erreichte ich den Bahnhof. Ich hatte eine Art Wespennest erwartet, denn so eine Megastadt im Zentrum eines Landes musste für Eisenbahnfahrer wie eine Drehscheibe sein. Doch der Bahnhof Hualamphong entpuppte sich eher als eine Art Provinzstation. Die paar Züge, die von hier aus in den Norden und Osten fuhren, waren mit Kreide auf eine Tafel geschrieben, und auf den blumengeschmückten Bahnsteigen ging es zu wie bei einem Picknick.

Fast jeder der Wartenden kaute auf irgendetwas herum. Ich bekam Appetit und spürte Durst. Mit einem Tellerchen Bratreis und einer Cola ließ ich mich auf einen freien Drahtsessel fallen und merkte, dass ich mich auf dem langen Fußmarsch durch die Hitze und die Hauptstraße entlang erheblich verausgabt hatte. Wäre ich auf der Schattenseite der Straße gegangen, hätte ich mir die Erschöpfung wahrscheinlich erspart, doch diese Selbstverständlichkeit für Fußgänger kannte ich noch nicht. Eine Cola war nicht genug, ich brauchte noch eine. Und noch eine. Und als ich merkte, wie schwer es mir fiel wieder aufzustehen aus dem Sessel, gab ich meinen Plan, nach Chinatown zu gehen, auf und machte mich auf den Rückweg. Entlang der Rama IV und der Witthayu brauchte ich dafür gut 3 Stunden und gewann eine eindrückliche Vorstellung davon, wie riesig diese Stadt ist.

In meinem Betonzimmer warf ich mich aufs Bett und starrte auf den Fan, der sich über mir an der Decke drehte. Sehr schnell und sehr stoisch. Ob der schon mal runtergestürzt war auf einen meiner Vorgänger?

Gegen viertel nach sechs begann es zu dämmern. Um kurz nach halb sieben war es dunkel. Eine Stunde später lag ich immer noch auf dem Bett, ohne mir seit meiner Rückkehr ins Hotel auch nur die Hände gewaschen zu haben, seit über einer Stunde mit der Frage beschäftigt, ob ich mich aufraffen und etwas essen gehen sollte. Aber wo?

Durst und Hunger trieben mich schließlich auf die Straße, und zu meiner Erleichterung entdeckte ich in unmittelbarer Nachbarschaft eine Art Hinterhof mit mehreren kleinen Restaurants. Von dem Tisch aus, an dem ich mich niedergelassen hatte, konnte ich aus zwei Lautsprechern zwei verschiedene Musiken hören. Das Bier war kalt und schmeckte erfreulich gut. Der Bratreis, den ich, unerfahren, wie ich war, bestellt hatte, ebenso. Meine Laune war gut. Sehr gut sogar.

Plötzlich stand ein Mann vor mir. Ein Thai. Freundlich fragte er: „Where are you from?"

Ich sagte es ihm.

„Germany! East or West?"

Meine Antwort (West) schien ihm Freude zu machen; er zog einen Stuhl heran und setzte sich an meinen Tisch.

„Germany West very strong!" Er erzählte mir, dass er Ingenieur sei und später für ein paar Jahre nach Deutschland gehen wolle. So kamen wir langsam ins Gespräch. Es gefiel mir, nicht allein hier sitzen zu müssen. Und als ich mir ein frisches Bier bestellte, fühlte ich mich verpflichtet, auch ihn zu einem einzuladen. Das wies er jedoch sehr höflich zurück mit der Erklärung, ich sei Gast in Thailand, und es sei sein Vergnügen, mich einzuladen. Wie ich Thailand fände? Wann ich angekommen sei? Und wo ich noch hin wolle? Chiang Mai? Ja, natürlich, da habe er einen Bruder. Er wolle mit ihm telefonieren, vielleicht könne ich ja bei ihm wohnen.

Es war schon eine Weile dunkel und nicht mehr ganz so heiß wie tagsüber. Aus den Lautsprechern einer Musikanlage sang sehnsuchtsvoll eine Frau, ein Lied nach dem anderen, alle voller Schmalz. In Deutschland hätte ich das scheußlich gefunden, hier gefiel es mir. Ich genoß diesen Abend in vollen Zügen. Selbst die Salzstangen, die mir zum Bier gestellt wurden. Und natürlich das Gespräch mit dem Thai. Seinen Namen könne ich mir nicht merken, der sei zu kompliziert, ich solle ihn einfach Pon nennen.

Irgendwann stand Pon auf und sagte, er wolle versuchen seinen Bruder in Chiang Mai zu erreichen. Ich bestellte mir ein weiteres Bier. Meine Laune hätte man inzwischen als selig bezeichnen können. Was hätte mir Besseres passieren können, als hier draußen in der angenehmen Nachtluft zu sitzen, Musik zu hören, Bier zu trinken und schon eine Bekanntschaft geschlossen zu haben? Wenn mir jemand prophezeit hätte, dass ich mich so schnell wohlfühlen werde in der mir bis gestern völlig unbekannten Stadt, hätte ich das nicht ernst genommen. Jetzt staunte ich über mich selbst. Wie leicht es mir fiel, wie selbstverständlich ich mich akklimatisiert hatte!

Noch ein Bier.

Da kam Pon zurück. Er habe seinen Bruder nicht erreichen können. Und er müsse leider ein, zwei Sois weiter in eine kleine Bar, wo er sich verabredet habe. Wenn ich wolle, könne ich mitkommen.

Ich stimmte zu, denn dieses kleine Abenteuer begeisterte mich.

In der Bar, die matt rosa und violett ausgeleuchtet war, erhielt ich zur Begrüßung ein Glas Mekong, einen Whisky, der auf Reis basiert. Pon und seine beiden Freunde, die sich zu uns gesellt hatten, klatschten, als ich den Whisky geleert und für gut befunden hatte. Sie bestellten mir gleich noch einen; er schmeckte gut zu dem kalten Bier.

Auch in dieser Bar war sehnsuchtsvolle Musik zu hören. Pon schien sich zu freuen, dass sie mir gefiel und bestellte frische Getränke. Die Bedienung, eine Thai, brachte eine kleine Platte mit Gebäck dazu. Es waren Blätterteigtaschen, gefüllt mir einer Paste, die nach Huhn schmeckte und angenehm scharf gewürzt war. Da ich noch nichts gegessen hatte, griff ich zu – wiederum zur Freude Pons, der gleich nachbestellte. „You are welcome!"

Worüber wir uns damals unterhielten, weiß ich heute nicht mehr. Ich befand mich jedenfalls im siebten Himmel. Und der Mekong-Whisky, den Pon bestellte, kleine Gläser, die man mit einem Schluck leerte, hatte eine wunderbar sensibilisierende Wirkung.

Dann wechselten wir noch einmal die Bar. Diesmal war

es eine mit einer Tanzfläche. Wie es kam, dass ich plötzlich eine Partnerin hatte und tanzte, weiß ich nicht mehr. Jedenfalls schwelgte ich in der Musik, und die Partnerin gefiel mir. Sie lächelte so angenehm zurückhaltend, und sie hatte so zarte Haut. Das merkte ich, wenn sie mich mit ihren Armen berührte. Aber von da an hat meine Erinnerung Lücken.

Was ich noch genau weiß, ist, dass ich nackt in einer Badewanne saß. Es schien die in meinem Hotelzimmer zu sein, denn die braunschwarzen Flecken auf der Emaille unterhalb des Wasserhahns kamen mir bekannt vor. Aus dem Wasserhahn kam heißes Wasser. Es war angenehm, heißes Wasser auf meinem Rücken zu spüren; irgendjemand drückte mir da immer wieder einen Schwamm aus.

Nachts wachte ich einmal auf und entdeckte, dass eine Frau neben mir im Bett lag und gleichmäßig atmete. Und ich erinnerte mich eine Sekunde lang daran, dass mich tatsächlich eine ins Bett geführt und ich ihre Brüste über meinem Kopf gesehen hatte; dann schlief ich weiter.

Sie wachte auf, als ich mich am Morgen mit Kopfschmerzen hin- und herwälzte. Sofort schnellte sie hoch und versuchte zu tun, was man von einer Frau ihrer Art in ihrer Lage erwartet hätte. Doch ich wehrte mich dagegen. Und als ich bemerkte, dass sie unsicher war und auf einmal nicht mehr wusste, was tun mit ihrer Nacktheit, lächelte ich ihr zu. Müde. Sie tat mir leid. Sie lächelte zurück, und mir fiel auf, dass sie keine schönen Zähne hatte. Ihre Brüste waren von dicken Adern durchzogen und machten ebenfalls einen traurigen Eindruck, als sie aufstand und begann, sich anzuziehen. Ich wollte das nicht beobachten und starrte zum Fenster. Hatte ich ihr Geld versprochen am Abend zuvor? Sie ging ins Badezimmer, und ich schaute in mein Portemonnaie, das auf dem Nachtschränkchen lag. Etliche 100-Bath-Scheine waren darin. Ich nahm ein paar heraus, und als sie aus dem Badezimmer kam, drückte ich sie ihr verlegen in die Hand. Nein, schön war sie nicht, die Frau, aber sie tat mir sehr leid, wie sie sich, schüchtern und verunsichert, aus dem Zimmer drückte.

Ich schloß die Tür hinter ihr und verriegelte das Schloß.

* * *

In den siebziger Jahren war das Image Thailands untrennbar mit dem sog. Bums-Tourismus verbunden. Das Land war berühmt für seine hübschen, ‚sanften‘ Frauen, die billig ihre Körper verkauften. Schon damals war es genau wie heute üblich, eine Frau für die Dauer des Aufenthalts zu ‚mieten‘ und mit ihr durchs Land zu reisen. Der Vorteil: man(n) hatte nicht nur eine Frau zur ständigen ‚Bedienung‘, sondern auch eine Fremdenführerin, die billige Hotels und Restaurants suchen und sich sprachlich problemlos verständigen konnte.

Das Motiv der Frauen, sich selbst zu vermieten, war natürlich das Geld. Viele hatten es schwer, ihren Lebensunterhalt zu verdienen und sahen in der Prostitution einen lukrativen Ausweg. Viele hatten ernsthaft die Hoffnung, dass sie einen Ehemann finden könnten, der sie versorgen würde. Viele, vor allem jüngere Frauen spekulierten auch auf ein finanziell luxuriöses Leben, aus dem sie jederzeit aussteigen könnten.

Diese sexuell aufgeheizte Atmosphäre war fast überall deutlich spür- und sichtbar. Sie hatte Auswirkungen auf die Infrastruktur des Landes. In Bangkok, aber auch in anderen Städten wuchsen die Rotlichtviertel. Dort wimmelte es abends und nachts von raffiniert geschminkten Frauen, die sich verführerisch in Pose setzten und auf Männer zweifellos aufreizend wirkten. Und es war klar, dass man dieser Atmosphäre, vor allem als jüngerer Mann, kaum ausweichen konnte. Die tropische Umgebung, die Wärme, das leichte Leben: all das beförderte die Träume von Liebe und Sexualität.

Die Beine von Kuta
(Thailand)

*E*s gibt Momente, die sich innerhalb von Sekundenbruch-
teilen tief ins Gedächtnis brennen. Das passiert, wenn sich
urplötzlich alles verändert, ohne dass man damit gerechnet
hat. Dabei entstehen Bilder großer Klarheit. Man erfaßt die
neue Situation, noch ohne sie zu bewerten. Das Unterbewußtsein reagiert so schnell, dass man sich später sogar an den
Augenblick erinnern kann, der dem Schrecken vorausgeht. In
diesem -winzigen- Augenblick speichert man die neue Situation objektiv, noch unbeeinflußt von den Emotionen, die
sofort folgen. Widerstandslos registriert das Gedächtnis im
Detail alles und vergißt nie wieder, was – wie in dem Fall, von
dem ich erzählen will - Ekel und Panik auslöst.

Natürlich tragen auch die äußeren Umstände dazu bei,
solche Momentaufnahmen zu verstärken. Das Vorher und
das Nachher also, die sich so gründlich voneinander unterscheiden; der tiefe Sturz vom einen in den anderen Zustand.

Von den Stunden, die vorausgingen, weiß ich nur noch
wenig. Es sind 25 Jahre vergangen seit dieser Party am Strand
von Phuket. Ich erinnere mich aber, dass sie kurz vor Sonnenuntergang begonnen hatte, und dass der Veranstalter das
„Bamboo Guest House" war. Eine der zig Unterkünfte, die sich
wie ein Ei dem anderen ähnelten: eine überdachte Veranda,
eine offene Küche und mehrere Hütten aus Holzdielen und
Bambuswänden. Alles überwuchert von üppigen Büschen
und blühenden Sträuchern. Von der Veranda über den Strand
ans Wasser waren es kaum 50 Schritte. Doch um die Mittagszeit war der Sand so heiß, dass man selbst diesen kurzen Weg

nicht ohne Slipper gehen konnte.

Die Angestellten des kleinen Restaurants hatten den ganzen Nachmittag über einen riesigen Fisch gedünstet, den sie nun auf einem mächtigen, im Sand aufgebockten Holzbrett angerichtet hatten. Das Tier sah aus wie ein zusammengestauchter, in der Mitte aufgeblähter Delphin. Der massige Corpus des Tieres, schneeweiß das Fleisch, präsentierte sich inmitten dutzender Schälchen mit Gemüsen, Gewürzen und Saucen. Messer und Gabeln gab es keine. Man musste die Finger benutzen, um sich ein Stück Fleisch aus dem Corpus herauszukneifen und es dann in frischen Knoblauch oder grünen Pfeffer oder Meersalz oder eine der Saucen zu stippen, von denen es süße, salzige, milde und scharfe gab.

Das Fleisch war überraschend fest und zugleich zart. Wenn man es versonnen zwischen Zunge und Gaumen zerdrückte, die Füße im warmen Sand und den Blick aufs Meer, in das hinein gerade die Sonne tauchte, dann fühlte man sich wie im Paradies. Man kam mit den anderen ins Gespräch, tauschte sachkundig Erfahrungen aus und gewann schnell an innerer Größe.

Dreißig oder vierzig junge Menschen hatten sich um den Fisch versammelt. Rucksacktouristen. Heute hier, morgen weiter. Individualisten, offen und genügsam, denen die Welt zur Verfügung stand. Sie kamen aus Bangkok, waren durch Malaysia gereist und durch Java gezogen. Oder sie kamen aus dem Osten, manche von Australien, und erzählten von den Molukken, wo die Menschen so sanft und bescheiden sind.

Ein Pärchen stammte aus Ratingen bei Düsseldorf. Jochen, stellte sich heraus, war auf „meinem" Gymnasium gewesen! Drei Jahrgänge über mir; ich hatte ihn nie wahrgenommen. Umso witziger war es, hier am Ufer des Indischen Ozeans, sich an gemeinsame Lehrer zu erinnern. „Habt ihr den auch gehabt? Und den?" Was für eine Zeit das war! Wie klein wir waren! So unselbständig.

Manuela, Jochens Freundin, langweilte sich derweil auf einer Bambusliege. „Ostentativ", fiel mir ein, wenn ich sie sah.

Denn sie räkelte sich in immer andere Positionen, ordnete ihre Tücher immer wieder neu, zupfte hier und da an ihren silbernen Armbändern – „Die hat sie aus Sumatra!" – und wischte sich pausenlos Sandköner aus ihrem Bikini.

„Ihr wart auf Sumatra?"

Die Sonne war untergetaucht, und die Angestellten des „Bamboo Guest House" zündeten Petroleum-Lampen an. Manuela erhob sich, stolzierte ein wenig staksig durch den Sand zu einem der Bediensteten und besprach irgendetwas mit ihm. „Red' nicht von Sumatra!", sagte Jochen leise. Er vertraute mir an, dass Manuela am Toba-See einen Pfann-kuchen mit magic mushrooms gegessen hatte und danach fast durchgedreht wäre. „Sie rannte immerzu in den See und wollte schwimmen. Mitten in der Nacht, es war stockduster. Wir mussten sie stundenlang festhalten! Das ist ihr wahn-sinnig peinlich!"

Manuela winkte uns zu und deutete zuerst auf sich und dann auf die Hütte, in der sie mit Jochen untergebracht war.

Jochen nickte.

Das Meer lag glatt und still. Die felsigen Spitzberge, die sich vor der Küste aus dem Wasser reckten, verschwammen in der Dunkelheit. Auf seinem Brett der Fisch, umrahmt von ruhig brennenden Lichtern, erschien mir wie ein Altar. Die Menschen, die da herum standen und aßen und redeten, hoben sich wie Scherenschnitte aus ihrer Umgebung heraus. Auch unsere Unterkünfte hatten sich fast unsichtbar gemacht. Wie ein Tuch spannte sich die Dunkelheit über die Bucht.

Als Manuela zurückkam, hatte sie eine Flasche Mekong in der Hand. Den Reiswhisky, den die Thais so gerne trinken. Schmeckt ein bisschen muffig, aber mit Soda und Eis und etwas Limone angenehm erfrischend. Kostet fast nichts. „Eigent-lich müsste man skeptisch sein", sagte Jochen. Aber vor ein paar Jahren habe im ‚Spiegel' gestanden, dass Chemiker das Zeug untersucht und für außergewöhnlich „sauber" befunden hätten.

Einer von den Bamboo-Leuten zauberte im Nu Gläser

herbei, ein weiterer schaufelte Eiswürfel aus einer Box. Ich genoß den Abend! Vor 14 Tagen noch hätte ich die Reise beinahe abgesagt. Jeden Abend, wenn es dunkel wurde, kamen Fragen und Befürchtungen. Ob ich immer ein Zimmer für die Nacht finden würde? Ob ich jemand finden würde, mit dem ich mal sprechen könnte? Ob ich sicher wäre als Ausländer? Wie ich merken könnte, wenn man mich betrügen wollte?

Und jetzt?

Jetzt spürten meine Füße warmen Sand, und die Luft war leicht und verführerisch! Die tropische Umgebung Wirklichkeit. Ich aß Fisch, der köstlicher nicht sein könnte. Ich war nicht allein, sondern hatte Gesellschaft. Und keine 30 Meter entfernt stand ein kleiner Bungalow für mich.

Ja, ich nehme noch einen Mekong ...

Warum sollte ich über Manuela und die magic mushrooms sprechen? Sie machte einen netten Eindruck. Jochen war einer von wenigen, die mit ihrer eigenen Freundin unterwegs waren. Die meisten „mieteten" sich eine Thai, die drei Wochen oder länger mit ihnen durchs Land reiste. Manche von den Mädchen waren unangenehm vulgär, manche hatten eine abstoßende Stimme. Doch viele waren hübsch und zurückhaltend; ich wusste es, konnte mir aber dennoch kaum vorstellen, dass sie alle paar Wochen mit einem anderen Mann schliefen. Wahrscheinlich war ich ungeschickt, wenn mich eins von diesen Mädchen ansprach und fragte, ob ich alleine reise; das kam jeden Tag vor. Aber es war zugleich ein schönes Gefühl, den Glanz in ihren Augen zu sehen. So unmännlich konnte ich also nicht sein.

„Reist du allein?", fragte Manuela.

Ich nickte.

„Wie lange?"

„6 Wochen. Bangkok, eine Woche Birma, jetzt hier."

„Sumatra ist schön!", sagte Manuela. Das überraschte mich, aber sie konnte ja nicht wissen, was ich wusste.

„Indonesien ist anders als Thailand. Thailand ist Klasse, aber immer dasselbe. Indonesien ist überraschender."

„Fahr' mal nach Birma", antwortete ich. Ich dachte an Rangun. An die drei düster aussehenden Männer im Nachtzug nach Mandaly und das Schiff nach Pagan, das auf eine Sandbank gelaufen war. Als ich danach wieder in Bangkok landete, kam ich mir vor wie ein erfahrener Traveller.

Manuela nahm sich noch einen Mekong, ohne Soda und Limone, einfach so in einem kleinen Glas. „Du auch?"

„Ja, gerne."

Vermutlich redeten wir aneinander vorbei. Manuela schilderte eine abenteuerliche Busfahrt durch die nächtlichen Urwälder von Sumatra, ich erzählte ihr von den drei finsteren Typen im Zug, die so unberechenbar aussahen, sich aber als völlig harmlos herausstellten, als ich ihnen Photos von meiner Familie gezeigt hatte. „Plötzlich waren sie wie Kinder und konnten nicht genug sehen."

„Hast du die Bilder hier?"

Ich holte sie.

Der Sand hatte sich abgekühlt; er rutschte weg unter den Füßen. Auf dem Weg zu meinem Bungalow nahm ich nur am Rande war, dass Jochen sich mit einer Thai unterhielt; die beiden standen sich sehr nahe gegenüber.

Wieder zurück war ich überrascht, dass Manuela offenbar auf mich und die Photos gewartet hatte. „Zeig her! Ist das deine Frau?!"

Sie schaute erst mich an, dann das Photo, dann wieder mich – und ihre Augen strahlten.

„Hast du verdient!"

„Wieso?"

„Frag' nicht!"

Sie nahm meinen Arm und zog mich mit. „Komm, wir geh'n ein bisschen am Wasser entlang."

Ich stapfte durch den Sand hinter ihr her. Der Saum des Sarongs wippte um ihre Fersen, und durch meinen Kopf spülten warme Wellen, eine nach der anderen. Sie war doch sehr natürlich, Manuela, fand ich, wie sie da unmittelbar vor mir ging; ich hatte ihr Unrecht getan mit meiner Einschätzung.

Plötzlich blieb sie stehen und drehte sich zu mir um. „Bist du schon lange mit deiner Frau zusammen?", fragte sie, kurz davor, zu weinen.

Ich war erschrocken. Warum fragte sie das, wir kannten uns doch gar nicht. Und warum die Tränen?

Sie schaute an mir vorbei, zurück zu den anderen. Jochen stand da immer noch mit der Thai-Frau.

„Komm weiter!" Wieder zog sie mich mit; diesmal an der Hand. Der Sand wurde noch kühler und fester, und dann spürte ich Wasser an den Füßen. Wir blieben erneut stehen und schauten übers Meer. „Warum willst du das wissen?"

„Nur so."

Ich stand da und rührte mich nicht. Meine Füße sanken tiefer. Manuela schien mich nicht weiter zu beachten; sie starrte aufs Meer hinaus. Weit weg am Strand lachte jemand.

„Ich muss noch was essen", sagte sie irgendwann. „Komm, wir geh'n zurück!"

Der Fisch lag noch genau so weiß und massig auf dem Brett wie vorher. Manuela riß ein kleines Stückchen Fleisch heraus, stippte es in eine Sauce und steckte es mir in den Mund. Mir gefiel, wie sie mich dabei anlächelte. Aber es kam mir vor, als ob das Lächeln von Schmerz begleitet sei, der sich hinaufzog bis in ihre Augen. Ich wollte wissen, ob Jochen das vielleicht auffiel, aber er war nicht zu sehen.

„Trinkst du noch einen Mekong mit?"

Sie holte zwei Gläser, goß sie voll, und wir tranken. Und dann tranken wir jeder noch einen. Plötzlich war mir klar, dass ich jetzt aufpassen musste. Aber ich befand mich bereits in diesem Film, der sich immer wieder abspielte, seit ich Robinson Crusoe gelesen hatte. In der Szene mit dem dichten Buschwerk, das den Strand abschirmte, dem tropischen Mond darüber und dem Plätschern des warmen, glasklaren Wassers. Ich fühlte mich sehr leicht und es war mir unangenehm, dass ich beinahe gestürzt wäre, als ich den Strand hinaufging und nach der Hütte suchte, die versteckt hinter den Büschen lag. Noch einmal rutschte mein Fuß weg, doch dann schaffte ich es gebückt durch den schmalen Eingang, setzte mich auf den Holzbalken und starrte zurück, durch die Büsche, hinter denen das wirkliche Meer lag.

Ich schloß die Augen. Ganz kurz nur, dachte ich. Ich hörte das Meer rauschen und den Strand und den Mond und die Dunkelheit und weit entfernt Stimmen. Alles verschwamm ineinander, wurde lauter und verschwand wieder, kam zurück wie eine Welle und versickerte. Ich spürte ein Schwindelgefühl und öffnete die Augen, um mich festzuhalten mit meinem Blick, Fixpunkte zu suchen. Und dann war dieser Augenblick da! Das Bild, das ich nie mehr vergessen werde: die Dunkelheit um mich herum, die tiefliegende, schmale Öffnung der Hütte unmittelbar vor mir. Dahinter der Strand und das Meer und der Mond, der das alles mit einer milden Blässe überzog. Und mitten in der Öffnung diese riesige Spinne! Bewegungslos. „Wie kann dieses gewaltige Tier an diesem dünnen Faden hängen?" fragte ich mich ganz ruhig, wie es mir später, lange danach, erschien. Diese schwarz-braune, üppig behaarte Kugel, die acht Beine von sich streckte, angewinkelt wie bei einem Krebs. Der wulstige Rücken grünlich, etwas verschleimt, etwas verkrustet, vernarbt. Ich sah – das Tier hing ja nur wenige Zentimeter vor mir –, wie sich die Haare aufsträubten und wieder zusammenlegten. Und dann sah ich, glauben Sie mir! der Spinne direkt in die Augen. Und in dem Augenblick ging ein Ruck durch das Tier, es gab seine Bewegungslosigkeit auf, alles an ihm geriet in Bewegung – und in meiner Panik warf ich mich auf den Boden, krabbelte wie besessen durch die Öffnung der Hütte hinaus, egal wie, kam auf die Beine und rannte über den Sand und blieb erst stehen, als ich bei Manuela angelangt war.

Sie sah mich, wie mir schien, etwas befremdet an, kuschelte sich in Jochens Arm und ging mit ihm davon.

Kalkulierte Risiken und
kontrollierbare Abenteuer

*R*eisen, damit meine ich „ent-decken": Menschen, Kulturen, Natur, Landschaften, Städte. Das ist ein Prozeß der Bewegung, mental und körperlich, ein Akt der Anstrengung und Unterhaltung zugleich. Was ich tue, was auf mich zukommt und mit mir geschieht, ist offen. Das Motiv für diese Art zu reisen ist Neugier auf Anderes und auf mich selbst. Der Wunsch, auf Schönes zu stoßen. Freude zu erleben. Mich selbst zu provozieren und ‚kontrollierte' Abenteuer zu bestehen. Mich selbst kennenzulernen.

Wenn er doch nur „reisen könnte!", so sehnte sich der Naturforscher und Weltumsegler Georg Forster. „Denn am Ende, mehr hat man doch nicht, als was einem durch diese zwei kleinen Oeffnungen der Pupille fällt und die Schwingungen des Gehirns erregt! Anders als so nehmen wir die Welt und ihre Wesen nicht in uns auf. Die armseligen vier und zwanzig Zeichen reichen nicht aus; etwas ganz Anderes ist die Gegenwart der Dinge und ihr unmittelbares Einwirken." (Manfred Geier, Die Brüder Humboldt)

Der englische Autor und Geheimagent William Somerset Maugham erklärte seine Reisesehnsucht so: „I travel because I like to move from place to place, I enjoy the sense of freedom it gives me (...) I am often tired of myself and I have a notion that by travel I can add to my personality and so change myself a little. I do not bring back from a journey quite the same self that i took." (Ich reise, weil ich mich gerne von einem Ort zum anderen bewege, ich genieße das Gefühl der Freiheit, das ich dann habe (...) Ich bin oft unzufrieden mit mir und glaube, dass ich durch das Reisen meine Persönlichkeit weiterentwickele und mich verändere. Ich kehre von einer Reise ja nie so zurück wie ich vorher war.) (S. Maugham, The Gentleman in the Parlour)

Und der Reiseschriftsteller Andreas Altmann schrieb: „...

einer der Beweggründe für das Reisen ist der Wunsch, das zu verlassen, was man schon kennt, eben das, was einem vertraut ist, ja oft schon ermüdet, schon lange nicht mehr begeistert. Das Verlangen nagt, dem Treibsand der Wiederholung zu entkommen. Und man zieht los, um das aufzusuchen, was fremd ist, unvertraut." (Triffst du Buddha, töte ihn! Ein Selbstversuch.)

* * *

In Thailand spielt der zuverlässige ‚Hochsommer' eine wichtige Rolle für mich. Die Selbstverständlichkeit, mit der man zur Hauptreisezeit von Dezember bis März Morgen für Morgen einen frischen, blauen Himmel erwarten darf. Die in dieser Jahreszeit so üppig blühenden Blumen, die Bougainvillea, die Frangipani, der Jasmin, die Büsche und Bäume. Die Wärme, die Hitze, die Düfte. Der Ruf der Hähne im Morgengrauen, der die Lust zu leben erneuert. Das einmalige Licht. Und die Nationalhymne, die die Schulkinder um Punkt 8 Uhr morgens auf dem Schulhof singen.

Ein anderer, bedeutenderer Grund ist das Selbstwertgefühl, das durch die Entdeckung einer so fremden Welt geweckt wird. Ich machte die Erfahrung, dass schwierige Situationen gemeistert werden können.

Und ich begann, kalkulierte Risiken einzugehen.

Eines davon schien mir -1984- eine Reise nach Birma zu sein. In diesem Land herrschte seit mehr als zwei Jahrzehnten eine Militärdiktatur. Die Infrastruktur war, wie man las und hörte, sehr schlecht ausgebaut. Und ein Visum zum Besuch des Landes gab es nur für sieben Tage. Nicht eine Minute mehr. Entsprechend dünn floß der Tourismus nach Rangun und in andere Gegenden des Landes, und das war von den Militärs gewollt.

Andererseits waren Wunderdinge über die Schönheit des Landes und die grenzenlose Liebenswürdigkeit der Menschen in Birma im Umlauf. Besonders reizvoll erschienen mir die Shwedagon-Pagode in der Hauptstadt und die weite Ebene mit den über zweitausend Pagoden in Pagan. Und die Menschen, die auf allen verfügbaren Fotos einen so angenehm zurückhaltenden, bescheidenen Eindruck machten. Also machte ich mich von Bangkok aus auf den Weg. Hätte ich gewusst, mit welchen Situationen man als Tourist in Birma konfrontiert werden kann, wäre ich wahrscheinlich nicht ins Flugzeug nach Rangun gestiegen. Jedenfalls nicht bei einer Aufenthaltsbeschränkung auf sieben Tage.

Vorgenommen hatte ich mir die klassische Dreieckstour Rangun-Mandalay-Pagan-Rangun. Doch dass die vor Ort nicht so leicht zu organisieren war, hatte ich ich nicht geahnt.

Dabei begann alles so einfach. In dem staatlichen Reisebüro erhielt ich schon für den nächsten Tag ein Ticket für den Nachtzug nach Mandalay. Außerdem die Auskunft, dass ich jederzeit problemlos einen Platz auf dem Schiff von Mandalay nach Pagan finden würde. Und eine Reservierung für einen Flug von Pagan zurück nach Rangun, wo am selben Nachmittag mein Flugzeug nach Bangkok starten würde.

Dass das Schiff nach Pagan auf eine Sandbank laufen und ich damit einen von den sieben Tagen verlieren würde, hatte ich nicht vorhergesehen. Eine Gefahr bestand nie. Im Gegenteil: das Schiff lag in einem landschaftlich so bezaubernden Abschnitt des Irrawaddy fest, dass man sich nicht satt sehen konnte! Um uns herum der silbrige Spiegel des an dieser Stelle sehr breiten Flusses, über uns ein Bilderbuchhimmel und an den Ufern auf beiden Seiten in weiter Ferne die goldenen Dächer der Pagoden, die im mittäglichen Sonnenlicht blitzten.

Während die wenigen Touristen an der morschen Reling entlangpirschten und die Szenerie zu fotografieren versuchten, entstand auf den Decks unseres Schiffes eine Art Familienleben. Es hatte sich nämlich herumgesprochen, dass es Stunden dauern könne, bis uns das Schiff, dass diesen Stromabschnitt auf Gegenkurs flußaufwärts fuhr, erreichen und freischleppen würde. Und so suchte jeder nach einer Beschäftigung.

Das Naheliegendste in so einer Situation ist das gemeinsame Essen. Offenbar, das wurde bei dieser Gelegenheit wieder deutlich, hat jeder reisende Asiate zu jeder Zeit eß- und trinkbare Vorräte in seinem Gepäck. Unter schnell aufgespannten Tüchern, die Schutz vor der Mittagssonne gewährten, wurden weitere Tücher auf den Holzplanken ausgebreitet, silberne Schälchen und Bananenblätter darauf verteilt und mit Saucen, Reis, Fisch, Gemüse, Obst, Salat und und und aufgefüllt. Und dann begann das große Schlürfen, Schmatzen und Fingerablecken. Niemanden schien der erzwungene Aufenthalt etwas auszumachen. Nur wir Touristen schauten immer wieder auf die Uhr und flußabwärts, wo doch irgendwann das Gegenschiff am Rande der flimmernden Fäche erscheinen musste.

So verging der Nachmittag, doch unter dem Druck der sieben Tage gelang es mir nicht, diese besondere Situation mit allen Sinnen aufzufangen und zu genießen. Erst am späten Nachmittag tauchte der ersehnte Dampfer am Horizont auf und näherte sich uns aufreizend langsam. Das Manöver, das unseren Kahn von der Sandbank trennte, ging dann zwar überraschend glatt und schnell vonstatten, doch es war bereits zu spät, um noch an diesem Tag Pagan zu erreichen. So ging unser Schiff, das nicht für eine Nachtfahrt angelegt war, vor

Anker und legte erst am folgenden Mittag am eigentlichen Zielort an.

Leider wurde die Unruhe, die der erzwungene Aufenthalt auf der Sandbank beschert hatte, schon sehr bald erneuert. Denn nach einem erholsamen Nachmittag zwischen den Tempeln und Pagoden von Pagan fiel es mir am nächsten Morgen ein, meinen Flug nach Rangun zu ,reconfirmen'. Die freundliche Angestellte in dem staatlichen Reisebüro blätterte, wie mir schien, unsystematisch in Stapeln von Papieren, löste den einen Stapel dabei auf und schuf einen anderen neu, konnte aber nichts finden, was meinen Flug betraf und vertröstete mich auf den Nachmittag; ich solle gegen 16.00 Uhr noch einmal wiederkommen. Ungeduldig, besorgt war ich natürlich schon viel früher da, was aber nichts daran änderte, dass ich vor verschlossener Tür lange und vergeblich warten, dann kehrtmachen und mich selbst auf den nächsten Morgen vertrösten musste.

Diesmal war die Tür offen, doch es saß eine andere Person hinter den Papierstapeln. Ein zartes, leicht verhuschtes Wesen mit straff gekämmtem Haar und strengem Blick. Diese Frau zog sofort das richtige Dokument hervor, und ich begann zu hoffen; sie schien Bescheid zu wissen. Nach wenigen Sekunden erklärte sie mir aber ohne weitere Umstände, dass ich nicht auf der Liste der Passagiere stehe und dort auch nicht mehr hingelangen könne, weil der Flug am Nachmittag längst überfüllt sei. Kein Lächeln, kein Nachfragen. Mir schoß das Blut in den Kopf. Wie ich dann nach Rangun gelangen und meine 7 Tage einhalten solle, wollte ich wissen. Denn ich sah mich schon in einem brutal heißen Gefängnisloch sitzen. Aber kein Pardon! Ich stand da und konnte es nicht fassen. Irgendwie bekam ich jedoch mit, dass einem jungen Mann, der nach mir kam, dasselbe mitgeteilt wurde. Und glücklicherweise begriff ich, dass er nicht nur Leidensgenosse, sondern auch eine Hilfe sein konnte.

Es war ein Amerikaner, der tatsächlich dasselbe Problem hatte wie ich. Und so machten wir uns, beide froh, nicht allein handeln zu müssen, gemeinsam auf die Suche nach einer Lösung. Eine Eisenbahnverbindung in die Hauptstadt gab es von Pagan aus nicht, allerdings verlief weiter östlich die Strecke Mandalay-Rangun. Es war uns klar, dass wir irgendwie dorthin gelangen müssten, am besten nach Thazi, dem nächstgelegenen Bahnhof auf dieser Strecke. Doch eine Busverbindung dorthin gab es auch nicht. Nachdem wir auch das von der jungen Frau im Reisebüro ungeschönt erfahren hatten, traten wir ratlos auf die Straße – und wurden dort von einem jungen Mann angesprochen, der unser Problem offensichtlich ‚hautnah‘ mitbekommen hatte: er könne dafür sorgen, dass wir bis zum Abend in Thazi seien und dann den Nachtzug nach Rangun bekämen; er habe einen Freund, der in zwei Stunden mit seinem Auto nach Thazi müsse und uns mitnehmen könne. Wir waren begeistert, akzeptierten den Preis und verabredeten uns in zwei Stunden vor dem Reisebüro.

Fast pünktlich fuhr dort ein altersschwacher Kleinlastwagen vor. Sein Fahrer, ein sehr junger Mann, lächelte uns aufmunternd zu und verstaute unsere Rucksäcke auf der Ladefläche. Wir selbst nahmen neben ihm im Führerhaus Platz und atmeten durch, denn bis zur Abfahrt des Zuges in Thazi war noch reichlich Zeit. Wir amüsierten uns sogar, als sich das Gefährt stotternd auf die Reise machte und ein paar Fehlzündungen in den stillen Frühnachmittag schoß. Doch das Glücksgefühl, die schwierige Situation bewältigt zu haben und endlich ‚on the road‘ zu sein, wie der Ami mehrfach beschwor, schwand bald dahin. Denn unser Fahrzeug fuhr zwar, aber das sehr, sehr gemächlich, während die Uhrzeiger zu rasen schienen. Um 22.00 Uhr sollte der Zug in Thazi abfahren. War das zu schaffen?

Wir passierten winzige Dörfer, in denen die Kinder angstfrei mitten auf der Straße spielten und uns begeistert zuwinkten, wenn unser Chauffeur vorsichtig an ihnen vorbeikutschierte. Wir rutschten unruhig eine halbe Stunde lang auf einem Baumstamm hin und her, während unser Fahrer in einem der Dörfer seelenruhig eine Portion Reis zu sich nahm und sich anschließend in ein Pläuschchen mit einer unaufhörlich verschämt lachenden Frau einließ. Und wir zögerten keine Sekunde tatkräftig anzufassen, als kurz vor Sonnenuntergang einer der hinteren Reifen sein Geist aufgab und von ihm nur noch eine hauchdünne Hülle auf der Felge zu erkennen war; zu unserer Erleichterung fand sich aber unter einer Plane auf der Ladefläche ein Ersatzreifen, der es wohl bis Thazi schaffen würde.

Endlich, gegen 21.00 Uhr, tauchten vermehrt Lichter auf. Häuser. Thazi. Und eine halbe Stunde vor Abfahrt des Zuges standen wir vor dem Bahnhofsgebäude. Unser Fahrer kassierte seinen Lohn, zeigte uns den Fahrkartenschalter und verschwand. Wir kauften 2 Tickets nach Rangun. Sie waren eng bedruckt mit Zeichen, die wir nicht lesen konnten. Egal.

Dann kam der Zug. Er war bereits brechend voll. Wenige stiegen aus, und viele drängten sich hinein. Einen Sitzplatz zu finden war völlig ausgeschlossen, wir versuchten es gar nicht erst. Die zehn Stunden bis Rangun würden wir schon irgendwie durchhalten; wir waren einfach nur froh, als der Zug anruckte und durch die pechschwarze Nacht nach Süden rollte. Leider pisackten uns entsetzliche Gerüche, denn der Aufenthaltsort, den wir uns erkämpft hatten, lag sehr dicht an der Toilette, deren Tür sich nicht schließen ließ und deren Wasserspülung eindeutig seit langem nicht mehr funktioniert hatte. Aber selbst unter solchen Umständen lernt man im Stehen zu schlafen.

Um die Mittagszeit landeten wir in Don Muang, Bangkok. Mit dem sicheren Gefühl, ein großes Abenteuer bestanden zu haben.

Der Überfall
(Birma)

*E*s hat unzählige Warnungen gegeben. „Lassen sie ihr Gepäck nie allein!" – „Behalten Sie Ihr Geld am Körper!" Aber nie ist etwas passiert. Seit mehr als 30 Jahren reise ich durch Asien, jedes Jahr - nie ist etwas passiert! Weder auf Borneo noch in Hongkong; in Hanoi nicht und auch nicht in Rangun.

Im Gegenteil: Einmal hatte ich im Glücksgefühl über die Gespräche mit einfachen, einheimischen Mitfahrern im Nachtzug von Bangkok nach Lampang zuviel getrunken. Doch als ich nach etlichen Elefantenbieren und einem lautstarken Gute-Nacht Abschied endlich zu meiner Liege gefunden hatte, stand wenige Minuten später einer der Männer, mit denen ich mich verbrüdert hatte, wie ich glaubte, wieder vor mir. Er drückte mir wortlos meinen Rucksack samt Portemonnaie und Reisepaß in die Arme, den ich in dem provisorischen „Speisewagen" vergessen hatte. Es war der „Finstere", wie ich ihn für mich getauft hatte. Weil er als einziger kein Wort von sich gegeben, stattdessen düster geguckt und unentwegt an einem Zuckerrohr gekaut hatte, wenn er gerade mal nicht an seinem Reiswhisky nippte. An diesen Augenblick erinnere ich mich genau: da war ich in einer Sekunde wieder nüchtern. Aber schon Anfang der 80er Jahre, ich war noch Anfänger in Südostasien und zum erstenmal in Birma, war ich in eine sehr unangenehme Situation geraten. Auch damals auf einer Eisenbahnfahrt.

Damals durfte man als Tourist nur eine Woche im Land bleiben. Wenn man alles sehen wollte, was zu sehen erlaubt war, musste man sich beeilen! Rangun, Mandalay, Pagan, der

Inle-See und zurück nach Rangun: das war ein Wettlauf mit der vom Staat so geizig bemessenen Zeit, die man hatte, um das Land Hals über Kopf und vor allem rechtzeitig wieder zu verlassen.

Für die Shwedagon-Pagode blieben so nur wenige Stunden, bevor der Nachtzug nach Mandalay aus der Stadt kroch.

Durch den unglaublich günstigen Umtausch auf dem Schwarzmarkt war alles beschämend billig, so dass ich eine Liege in der 1. Klasse gebucht hatte. Der Waggon stammte aus chinesischer Produktion. Ein gewaltiges, mausgraues Ungetüm mit riesigen, aber spartanisch ausgestatteten Abteilen. Auf jeder Seite zwei Liegen, unten eine, oben eine, und unter dem Fenster ein metallenes Waschbecken, das als Mülleimer verwendet und wohl ewig nicht geleert worden war. Die Liegen mit Leder bezogen.

Ich war müde und wollte schlafen.

Kaum hatte ich mich hingesetzt, nachdem ich zuvor minutenlang und unentschlossen, vom Schaffner neugierig beobachtet, den Gang mehrmals hin und zurück abgeschritten hatte, trat eben dieser Schaffner an mich heran und befahl „ticket"! Ich gab es ihm, er studierte es.

Nach einer Weile zerrte er mich hoch, griff nach meinem Gepäck und schob mich ein paar Abteile weiter in ein anderes, deutete auf ein Schriftzeichen über einer der vier Liegen und dann auf ein gleiches auf meinem Ticket. „OK?" Er lächelte mich an. Und als in eben diesem Augenblick der Zug anruckte und ich deshalb mein Gleichgewicht verlor und der Staatsgewalt in die Arme stolperte, lachte er sogar. Vor nicht allzulanger Zeit musste er ungeheure Mengen an Knoblauch zu sich genommen haben. Aber: er lachte! Das kam mir vor wie eine Art Reiseversicherung.

Der Zug schlich aus dem Bahnhof und wandte sich nach Norden. Tack-tack, machte es; das zweite tack jeweils heftiger und kürzer als das erste. Doch es ergab sich kein Rhythmus; die Gleise schienen mal länger, mal kürzer zu sein. Vor dem Fenster über dem Müllbecken, das auch in diesem Waggon nicht anders aussah als in dem ersten, glitten abgeblätterte Häuserfronten von links nach rechts. Von Minute zu Minute wurden die Türen und Fenster in ihnen undeutlicher, denn die Dämmerung hatte jetzt eingesetzt, und kaum eines der Häuser war beleuchtet.

Ein Licht gab es auch in meinem Abteil nicht. Zwar befand sich über jeder der vier Liegen eine gittergeschützte Glühbirne, doch die dazugehörigen Kippschalter ließen sich allesamt nicht mehr bewegen.

Die Häuserfronten wurden lückenhafter und verschwanden schließlich ganz. Felder erschienen an ihrer Stelle. Wege schlängelten sich parallel zu den Gleisen und verschwanden urplötzlich. Manchmal glitt der Zug über Brücken. Das merkte man an dem veränderten Fahrgeräusch. Und irgendwann bemerkte ich es sogar, bevor wir auf der Brücke waren. Das lag an dem singsangartigen Tuten, das die Lokomitive jeweils ausstieß, bevor sie über die Brücke fuhr. Eine eigenartige, melancholische Tonfolge, die sich anhörte, als spiele ein Trompeter zärtlich sein neues Instrument ein.

Laaa –lalalaaaaa....

Nach einer guten Stunde, die Nacht war bereits schwarz, erreichten wir den ersten Bahnhof außerhalb Ranguns. Der Zug rollte im Schritttempo hinein, und das hatte seinen Grund. Denn auf dem Bahnsteig drängelten sich die Verkäufer, die seit Stunden auf uns gewartet hatten und die Waggons zu besteigen versuchten, noch bevor der Zug zum Stehen gekommen war. Schwaden und Gerüche schwappten durch das halb geöffnete Fenster ins Abteil, schrille Stimmen, Gelächter, Klangfetzen. Die Einzigen, die nicht in Bewegung schienen, waren ein paar Männer, die anscheinend teilnahmslos dastanden und den einfahrenden Zug betrachteten. Ich schaute sie an, weil sie so gar nicht zu der Betriebsamkeit auf dem Bahnsteig paßten. Einer von ihnen fing meinen Blick auf und schaute hinter meinem Waggon her, und es kam mir vor, als stieße er die anderen mit dem Ellbogen an. Dann waren wieder die Verkäufer dazwischen, die mit ihren

Bauchläden und Handkarren hinter dem immer langsamer werdenden Zug herliefen.

Kaum war er zum Stillstand gekommen, flutete es hinein. Innerhalb weniger Sekunden war mein Abteil brechend voll mit Menschen, die sich ein paar Kyat von mir erhofften. Innerhalb weniger Sekunden roch es intensiv nach gegrilltem Hühnerfleisch, nach Krabbenpaste, gekochtem Reis, Suppe. Ohne Probleme hätte ich für einen kompletten Reisebus einkaufen und alle Mitfahrer satt machen können. Doch ich traute mich nicht. Aus Verlegenheit griff ich nach einem Bündel Bananen, und sogleich wurde mir ein ganzes Dutzend weiterer Bananenbündel entgegengestreckt. Mir war plötzlich klar, dass ich vermutlich der einzige westliche Reisende in diesem Zug war, und es war mir äußerst unangenehm, die Erwartungen, die die Kleinhändler hatten, auch nicht im geringsten erfüllen zu können. Ich übte mich in viel Lächeln und Geduld und war erleichtert, als die ersten von ihnen mein Abteil wieder verließen.

Laaa-lalalaaaaa...

Der Zug ruckte an. Ich schälte mir eine Banane und bemerkte, dass sie köstlich schmeckte. Und dass ich müde war.

In diesem Augenblick schoben sich drei Männer in mein Abteil.

Es waren die, die so teilnahmslos auf dem Bahnsteig gestanden hatten. Ich erkannte sie sofort wieder, denn schon als sie da gestanden hatten, hatte ich sie nicht gemocht. Sie benahmen sich wie schlechte Schauspieler in einem schlechten Kriminalfilm: auffällig unauffällig. Keiner grüßte, keiner schaute mich an, als sie Platz nahmen. Ich schien Luft für sie zu sein. War aber schnell sicher, dass das Gegenteil der Fall war.

Einer von ihnen war eindeutig der Chef. Er trug ein weißes Hemd und eine monströse Armbanduhr, die er sich immer wieder vors Gesicht hielt. Seine Hose war nicht ohne Flecken, aber gebügelt. Wenn er die beiden anderen anredete, geschah das kurz und in einem Ton, der keine Antwort erwartete. Sein

Gesicht war relativ hell, doch seine Gesichtszüge ließen keine weiteren Rückschlüsse zu.

Die beiden anderen hatten eine dunkelbraune, fast schwarze Hautfarbe; sie mussten aus einer der Provinzen weit im Norden kommen. Der eine grinste ständig, der andere stotterte, wenn er überhaupt mal etwas sagte.

Was konnte ich tun? Der Waggon 1. Klasse, in dem ich saß, war praktisch leer außer mir und den drei Männern. Wieso fuhren die überhaupt 1. Klasse? Das konnte nur einen Grund haben. Ich zog mich in die Ecke meiner Liege zurück und tastete nach meinem Rucksack. Durch das wasserdichte Gewebe spürte ich Portemonnaie und Reisepaß. Dann versuchte ich so selbstverständlich wie möglich Blickkontakt mit den Männern aufzunehmen, aber das gelang mir nicht; sie wichen aus. Schauten auf den Gang oder ihre Hände oder unter die Wagendecke. Unter diesen Umständen konnte ich mich keinesfalls schlafen legen.

Irgendwann erhob sich der Chef, schaute auf den Gang, schaute nach links und nach rechts und gab dem Stotterer schließlich ein Zeichen, worauf der sich ebenfalls erhob und das Abteil verließ, während der Chef seinen Platz wieder einnahm. Laaa-lalalaaaaa ...

Der Zug wurde wieder langsamer, und bald hielten wir erneut in einem Bahnhof. Er sah genauso aus wie der vorherige. Das Gedränge war genauso groß, und wieder stürzten sich die Verkäufer in die Waggons. Diesmal allerdings wagten sie nicht mein Abteil zu betreten. Sie schienen Respekt zu haben vor dem Chef, der auf dem Gang in ihren Bauchläden herumzuwühlen begann, sich ein paar Fleischspieße einpacken ließ und auf einen kleinen Eimer mit Bierdosen zeigte, die zwischen Eiswürfeln in einem Wasserbad lagen.

Als der Zug wieder anruckte und die Verkäufer zurück auf den Bahnsteig drängten, blieb der Eimer in unserem Abteil stehen.

Mir schwirrten die Gedanken durch den Kopf. Dass der Chef anfing Bier zu trinken, gefiel mir überhaupt nicht. Und als er einen der Fleischspieße aus fettigem Papier zog und ihn wohlgefällig von allen Seiten betrachtete, wurde mir beinahe übel. Denn es handelte sich um winzigkleine Vögelchen, die eng aneinandergeschoben eins vor dem anderen aufgespießt waren und ihre Schnäbel nicht mehr schließen konnten, weil sich der Holzspieß mitten durch ihre Köpfchen gebohrt hatte. Ein kannibalisches Mahl, an das er sich in tiefer Zufriedenheit machte. Ich konnte nicht hingucken und musste es doch immer wieder. Ab und zu drehte er sein Gesicht zum Fenster und spuckte etwas hinaus, nachdem er lange darauf herumgelutscht hatte. Vermutlich die Schnäbel. Schließlich war er fertig, warf auch das Einwickelpapier hinterher und fläzte sich auf die Liege. Ich bewunderte ihn, weil er sich nicht im geringsten an mir störte, sondern sich so benahm, wie er es wohl auch ohne mich getan hätte. Immer, wenn ich dachte, dass er endlich eingeschlafen sei, fingerte er mit geschlossenen Augen in dem Eimer unterhalb seiner Liege nach einer neuen Bierdose, riß sie auf und goß ihren Inhalt in sich hinein. Etliche leere Dosen rollten bereits über den Fußboden und überzogen ihn mit ihren feuchten Spuren.

Und ich? Ich merkte immer deutlicher, dass ich irgendwann würde zur Toilette gehen müssen. Ein Graus. Denn was sollte ich mit meinem Gespäck machen. Mitnehmen? Dann würde ich doch jeden darauf aufmerksam machen, dass ich Angst um es hätte. Dass es sich lohnen könnte, zuzugreifen.

Außerdem war ich todmüde. Trotzdem erhob ich mich von meiner Liege und trat scheinbar gelangweilt und desinteressiert auf den Gang hinaus. Sofort kam Bewegung in den Grinser und den Stotterer, die sich dort niedergelassen hatten. Ich nickte ihnen so nebenbei zu, wie ich konnte, trat zurück ins Abteil, zog so unauffällig wie möglich Reisepaß und Portemonnaie aus dem Rucksack, steckte beide in meine Hosentasche und begab mich wieder auf den Gang, wandte mich nach links, stieg über den halbaufgerichteten Grinser und begab mich zu der Toilette am Ende des Ganges.

Sie hatte keine Tür. Es stank atemberaubend. Während ich

im Stehen pinkelte – der Zug fuhr glücklicherweise langsam und gleichmäßig –, reckte ich meinen Kopf soweit wie möglich in Richtung offenes Fenster und versuchte, etwas von der tropischen Nachtluft zu schnappen.

Zurück im Abteil, zog ich meinen Rucksack an mich und versuchte, es mir auf meiner Liege so bequem wie möglich zu machen. Der Zug fuhr angenehm gleichmäßig, und der Sternenhimmel, der sich vor dem Abteilfenster auftürmte, war märchenhaft.

Laaa-lalalaaaaa …

Was meine Frau wohl machte? In Deutschland ging die Zeit fünfeinhalb Stunden hinterher, wahrscheinlich saß sie gerade beim Abendessen. Im Rucksack hatte ich Fotos von ihr und den Kindern, aber ich war zu faul, sie herauszukramen. Ich versuchte, mir ihre Gesichter so genau wie möglich vorzustellen. Ich sah sie sprechen und wie sie sich Brot und anderes zureichten, und ich fühlte, dass ich lächelte.

Plötzlich schreckte ich hoch. Der Rucksack! Wo war der Rucksack? Mit fliegenden Händen wischte ich die Liege entlang; er war weg! Ich richtete mich auf, stand auf – und trat auf ihn. Er war hinuntergefallen auf den Fußboden. Doch die Erleichterung war nur kurz. Denn so gründlich ich ihn abtastete nach meinem Reisepass und meinem Portemonnaie: beide waren nicht mehr da! Genauso schnell wie ungeordnet schossen mir die Gedanken durch den Kopf: Jetzt hat es mich doch erwischt! Warum bin ich auch eingeschlafen? Sollte ich dem Chef auf den Kopf zusagen, dass er mich bestohlen hat?

Der hatte sich inzwischen aufgerichtet und starrte mich an. Zum erstenmal schaute er zu mir herüber. Und das Gleiche taten der Grinser und der Stotterer. Und ich? Ich konnte ihnen nichts nachweisen! Ich war ja nicht mal in der Lage, ihnen zu erklären, wessen ich sie beschuldigte! Sie konnten mit Sicherheit kein Wort Englisch, genauso viel oder wenig wie ich ihre Sprache.

Mein Herz raste. Was sollte ich machen ohne Geld und Reisepass in diesem fremden Land? Was sollte ich zuerst tun?

Der Schaffner? Der schon gar nicht! Noch einmal tastete ich den Rucksack von oben bis unten ab in der Hoffnung, doch noch zu finden, was ich suchte. Die drei Männer starrten mich an. Aber nichts! Kein Pass, kein Geld!

Da beugte sich der Chef vornüber und zog etwas unter meiner Liege hervor. Mein Pass! Ich riß ihm das Ding beinahe aus der Hand und stopfte es in meine Hosentasche – und stieß dabei auf mein Portemonnaie.

Was für eine Erleichterung! Ich zählte das Geld nach, all die US-Dollars, die in großen und kleinen Scheinen darin steckten. Zweimal zählte ich nach, nichts fehlte. Unter normalen Umständen hätte ich so etwas nie vor fremden Augen gemacht, schon gar nicht vor solchen Leuten wie dem Chef und dem Grinser und dem Stotterer. Die starrten mich immer noch an. Es kam mir vor, als hätten sie Fragen. Ich klopfte den Rucksack ab, der auf dem Fußboden nicht sauberer geworden war, und überprüfte auch dessen Inhalt, einfach, weil ich nichts Besseres zu tun wusste. Deponierte das alte Handtuch, das ich mitgenommen hatte, den verwaschenen Pullover, die Jeans und anderes auf der Liege und stieß dann weiter unten im Rucksack auf die Fotos meiner Familie. Meine Frau lächelte mir entgegen. Trotz der schweren Luft aus Reiswhisky und Knoblauch und vielem anderen, das mich umgab. Der Chef, der sich neugierig vornübergebeugt hatte, lächelte auch, als er meine Frau lächeln sah, und gab mir zu verstehen, dass er noch andere Fotos sehen wollte. Ich tat ihm den Gefallen, erleichtert, dass wir uns auf diese Weise verständigen konnten. Er nahm sie, schaute sie in aller Ruhe der Reihe nach an und gab sie weiter an die beiden anderen, bevor er ebenfalls ein Foto aus der Brusttasche seines Hemdes hervorzog und mir gab. Ich nahm es entgegen wie einen zerbrechlichen, sehr wertvollen Gegenstand, wie einen Vertrauensbeweis, eine Entwarnung. Schaute mir das grobe Gesicht mit dem geöffneten Mund und den unregelmäßig hervorstehenden Zähnen an und nahm wahr, dass der Chef erst auf das Foto und dann auf sich selbst zeigte. Kein Zweifel: er war stolz auf seine Frau.

Ich konnte ihn so gut verstehen!

Wenig später erreichten wir einen weiteren Bahnhof. Wieder strömten die Verkäufer in den Zug. Und diesmal kaufte ich großzügig ein: Bier, gegrilltes Hühnerfleisch, ein Sortiment Saucen, Klebreis und eine ganze Ananas. Ohne auch nur ein Wort des anderen zu verstehen, machten wir uns alle vier über das Essen her und verstanden uns großartig. Ich glaube, ich hätte mir gar keine besseren Mitreisenden suchen können.

Als der Zug am frühen Morgen Mandalay erreichte, nahmen mich die drei unter ihre Fittiche und setzten mich in eine Rikscha. Dann grüßten sie mich mit zusammengelegten Händen und waren schnell in der Menschenmenge auf dem Bahnhofsplatz verschwunden. Der Rikschafahrer fuhr mich in das einfache guest house eines sehr freundlichen älteren Ehepaares, und als ich ihn bezahlen wollte, war er schon verschwunden. Das Ehepaar lächelte, und sie sagte „okay, okay!"

* * *

Die Reise nach Birma lag mir nur kurz im Magen. Dann veränderten sich die Wahrnehmungen: Der starke Druck, der während der 7-tägigen Reise auf mir gelegen hatte, verringerte sich bald, und an seine Stelle trat die Freude über eine besondere, ungewöhnliche Erfahrung, die mir erst zunehmend bewußt wurde. Ich hätte jauchzen können!

Plötzlich empfand ich –nachträglich!- den Rausch, an einem anderen Ort ein anderer Mensch gewesen zu sein. Das war wie ein Neubeginn. Wo ich auch hinkam: niemand kannte mich, niemand fragte nach meiner Vergangenheit, alle erlebten mich zum erstenmal. Ich war nicht mehr vorbelastet!

„It is a convention among travellers that you tend not to ask each other what you do for a living." – Unter Reisenden herrscht die stille Abmachung den anderen nicht zu fragen, womit er sein Geld verdient. (Geoff Dyer: Jeff in Venice, Death in Varanasi)

Reisen ist die Möglichkeit, neu anzufangen. Sich so zu geben, wie man es im Leben nach und nach für sich selbst als richtig und wünschenswert gelernt hat ohne von der Vergangenheit eingeholt zu werden. Man schüttelt seinen Ballast ab. Man ist nicht mehr damit beschäftigt, sein Inneres zu verbergen, sondern ist frei das Außen aufzunehmen.

Bilder von der nächtlichen Zugfahrt von Thazi nach Rangun, die ich wie Negative im Kopf gespeichert hatte, entwickelten sich plötzlich: Das Elternpaar mit den beiden so zartgliedrigen Kindern, die sich alle auf einer schmalen Holzbank zusammengedrängt hatten. Ihre eingeschüchtert, scheu blickenden Augen. Die augenscheinliche Zusammengehörigkeit, die sie verband, wenn sie sich gegenseitig an sich drückten (viel nachhelfen mussten sie wegen der Enge nicht mehr), um an der Haut des anderen Schutz zu suchen. Und ihre armseligen Gepäckstücke, die in jeden freien Kubikzentimeter zwischen Bank, Boden und Fenster gepreßt waren: zerschlissene Taschen und Beutel, löcherige Körbe, Pappkoffer, die von Kordeln zusammengehalten wurden.

Und ihre Kleidung – und die der anderen Reisenden! Die langen Hosen der Männer sorgfältig gebügelt, und die Blusen, Röcke, Kleider der Mädchen und Frauen allesamt rein gewaschen. Nur bei genauerem Hinsehen konnte man erkennen, dass jedes Stück zigmal geflickt war.

Von der Schiffsfahrt kam mir der Schaffner zurück in den Sinn, der unaufhörlich vom Bug zum Heck und wieder zurück schritt und immer wieder das Geld in dem Metallrohr zählte, das ihm als Kasse diente; dabei hatte über viele Stunden weder jemand aussteigen geschweige denn zusteigen können.

Die vier Mönche, die unter einem riesigen Sonnensegel saßen und unentwegt von gebückt vorbeihuschenden Passagieren demütig gegrüßt wurden.

Und auch die zarte, verhuschte Frau mit dem strengen Blick in dem Reisebüro, die mich mit ihren negativen Auskünften so verschreckt hatte! Sie wusste ganz genau, wo ihre Papiere waren und wo sie was zu suchen hatte. Dass sie ihre Arbeit ernsthaft und sorgfältig erledigt hatte, war mir bisher noch nicht in den Sinn gekommen.

Diese Menschen und all die anderen, die ich mehr oder weniger flüchtig wahrgenommen hatte, lebten in einer ‚sozialistischen' Diktatur, die ich persönlich nur am Rande registriert hatte: An den strengen Kontrollen am Flughafen, an der Aufenthaltsbeschränkung auf 7 Tage, an dem für Touristen unglaublich günstigen Schwarzmarktkurs des Kyat. Der Gedanke daran, dass das tägliche Leben all derer, deren Gesichter ich mir in Erinnerung rufen konnte, von Repressalien gegängelt war, machte mich sehr nachdenklich. Und als es dann vier Jahre später, im August1988, zu dem großen Massaker in Rangun kam und tausende Studenten in den Dschungel entlang der thailändischen Grenze flohen, wurde mein Interesse an Birma intensiv.

Ich suchte nach Möglichkeiten zu einer erneuten Reise und bekam schließlich durch Vermittlung der Evangelischen Kirche in Deutschland und deren Kontakte zu ‚politischen' Mönchen in Thailand die Möglichkeit, ein Lager der Karen zu besuchen. Die Karen sind eine Ethnie im Osten des Landes, die sich mit der Herrschaft der Militärs in Rangun nicht abfinden wollte und militärischen Widerstand leistete. Ihr Lager befand sich, von hohen Bergen umsäumt, in einem Dschungelgebiet unmittelbar an der thailändischen Grenze. Ein junger thailändischer Aktivist führte mich und einen befreundeten Journalisten auf abenteuerlichen Wegen dorthin. Und wir hatten dann eine Woche lang die Gelegenheit, mit einfachen Soldaten, mit militärischen Führern, mit Mönchen und aus Rangun geflüchteten Studenten über die Lage in Birma zu diskutieren.

„Seid ihr hier denn sicher vor Angriffen der birmanischen Armee?" fragten wir. Einer der Anführer wies auf die hohen,

Schutz bietenden Berge ringsherum. „Die überwinden sie nur mit einem Flugzeug, und davon haben sie nicht mehr viele." – „Und wenn?" – „Dann suchen wir Schutz in den Höhlen." Wir schauten skeptisch auf den Eingang in eine dieser Höhlen, die zwischen dichten Bambushölzern ganz in unserer Nähe lag. „Aber ihr müßt aufpassen," sagte der Anführer, „denn in den Höhlen sind Schlangen."

Bei den Gesprächen mit den Menschen in dem Lager erlebte ich leider das, was sich in den Jahren darauf bei der Mitarbeit in einer deutsch-birmanischen Solidaritätsgruppe bestätigte: alle politisch denkenden Menschen in Birma wollen die Demokratie, doch jeder stellt sich etwas anderes darunter vor.

Von dieser Erfahrung irritiert, verfolgte ich die Entwicklung des Landes viele Jahre lang aus einer deutlichen Distanz. Erst knapp 20 Jahre später kehrte ich noch einmal zurück. Unter einem anderen Namen. Davon später.

„Was suchst du eigentlich in Asien?" ist die Frage, auf die ich eine Antwort suche. Dass die Menschen dabei eine wichtige Rolle spielen, ist klar. Doch welche?

Seit meiner Jugend hatte mich das Wort ‚Sumatra' beschäftigt. Es klang nach Urwald, Tigern, tropischer Schwüle und explodierender Fruchtbarkeit. Meine Phantasie führte mich in Dschungel, die wie die Waschküche meiner Großmutter dampften. Meistens war ich aus irgendeinem Grund auf mich selbst angewiesen und musste mich mit zig Gefahren auseinandersetzen. In einem Traum, der immer wiederkehrte, rutschte ich eine Böschung hinab in einen schnell strömenden Fluß und überlebte nur mit Mühe. Doch irgendwann, Wochen später, traf ich wieder auf die ‚Zivilisation' und wurde, längst tot geglaubt, von meiner Familie und meinen Freunden gefeiert. Mein Ruf als mutiger Abenteurer war zementiert!

Die erste Indonesien-Reise ging also auf diese riesige Insel. Genauer: auf eine kleine Insel in einem See dieser Insel:

Samosir. Sie liegt im Toba-See im Norden Sumatras. Dort lernte ich Sudirman kennen, einen 15jährigen Jungen, dessen Eltern das guest-house im Dörfchen Ambarita führten. Sudirman schien niemals zu schlafen. Dauernd war er präsent. Seine dünnen, zähen Beine waren ständig in Bewegung. Er witschte durch Haus und Garten in dem verblichenen, gelben T-shirt, das kaum noch leserlich den Aufdruck irgendeiner amerikanischen Universität trug. Aber aller scheinbaren Rastlosigkeit zum Trotz schienen seine Augen ruhevoll, seine Aufmerksamkeit ernsthaft. Ich habe beobachtet, dass er eine Wasserschildkröte, die in eine Erdsenke gestürzt war und ohne Hilfe nicht mehr daraus hervorkommen konnte, voller Umsicht aus ihrer bedrohlichen Situation befreite und an den Tagen danach immer wieder nach ihr guckte. Sie hatte sich offenbar die Schwimmhaut an einem ihrer Füße verletzt, und Sudirman reinigte und kontrollierte sie immer wieder.

Wenn er den Gästen plain rice oder fried bananas oder Gado-Gado servierte, balancierte er die Teller tieffliegerartig auf einem zerbeulten Blechtablett. Sein Spieltrieb war stark. Von der Küche segelte er kühn und quer durch die Veranda zu den Tischen am Fenster. Meistens musste er dabei zwei Kleinkindern ausweichen. Das tat er mit viel Geduld. Und wenn er seine knappe Freizeit nicht ausnutzte um im See zu baden und sich die Haare zu waschen oder mit einem der Gäste Blitzschach zu spielen, dann nahm er eines der Kinder auf den Arm und schmuste mit ihm. Abends kann es passieren, dass er sich erschöpft an einen der Gäste lehnt, ihn umarmt und halb einschläft.

An einem Sonntagmorgen legt der winzige Dampfer, der die Touristen über den See schippert, etwas zu heftig an dem kleinen Anleger unterhalb des guest-houses an. Es kracht und knirscht, und kurz darauf schwimmen Bretter im Wasser. Sudirman müht sich, sie alle ans Ufer zu ziehen. Dann haut er sie mit Nägeln, die er irgendwo gesucht und gefunden hat, wieder zusammen. Wenn das nächste Boot kommt, muss der

Steg wieder gangbar sein.

Oben, im guest-house, sind inzwischen Bestellungen aufgelaufen. Erst nach dem Mittagessen, das sich bis 15.00 oder 16.00 Uhr hinzieht (jeder lebt hier nach seinen Wünschen, und Sudirman respektiert sie alle), hat er ein bisschen Zeit für sich. Er spielt Gitarre und singt ein Lied dazu, das in jeder Zeile mindestens einmal das Wort ‚Indonesia' enthält. Er singt schön! Und für die Gäste, die still zuhören, ist es ein berührendes Konzert.

Nach dem Abendessen müssen die Öllämpchen aufgefüllt werden. Einmal fällt ein Tausendfüßler vom Dachbalken, einer Amerikanerin in den Nacken. Sudirman beruhigt die vor Angst und Schrecken zitternde Frau, nachdem er das Tier fachmännisch ‚erlegt' hat...

Anfangs war es schwer für mich, ihn dabei zu beobachten, wie er die Terrasse fegte, das Essen auftrug und viele andere Arbeiten erledigte. Er war noch so jung! Doch seine Arbeit machte ihm wirklich Freude. Und was mir besonders auffiel: er war an jedem einzelnen der Gäste interessiert, die in seinem Elternhaus übernachteten.

„Where are you from?" fragte er jeden. Das ist nichts besonderes, denn das fragen alle Asiaten. Aber Sudirman wollte es wirklich wissen. Er ließ es sich auf einem alten Dierke-Schulatlas zeigen, den er von einem der Rucksackreisenden geschenkt bekommen hatte. Blätterte hin und her, um Richtung und Entfernung nach und von Samosir zu begreifen. Wie lange man da- und dahin brauche, fragte er oft. Eine Fahrt mit einem Bus konnte er sich vorstellen; er war schon einmal mit dem Linienbus nach Medan gefahren, 2 Stunden! Wie lange hätte er da zu Fuß laufen müssen! Doch eine Reise mit dem Flugzeug ging nicht in seinen Kopf. Man musste alles in eine Busfahrt umrechnen, und bei dem Ergebnis schüttelte Sudirman ungläubig den Kopf.

Er wollte wissen, welchen Beruf ich gelernt habe. Ob ich Kinder habe? Und was die mal lernen sollen eines Tages?

Er wollte auch wissen, was ich in meinem kleinen Kurzwellenradio höre. Ob ich auch nach Jakarta komme auf meiner Reise? Wieviel der Flug dahin kostet?

Kaum saß man an einem der Tische auf der Terrasse oberhalb des Sees, erschien Sudirman und fragte, fragte immer wieder nach. Meistens hatte er Fetzen von Papier bei sich und ließ sich englische Wörter aufschreiben, die er noch nicht kannte, die ihm aber wichtig erschienen. Dann sprach er das Wort solange vor sich hin, bis man ihm bestätigte, dass es so richtig sei. Hatte ich ein englisches Buch aufgeschlagen, bat er um gemeinsame Leseübungen. Er versuchte mit allen Mitteln, sein Englisch zu verbessern.

Ganz offensichtlich achtete er aber auch darauf, dass ich in unserer ‚Beziehung‘ nicht zu kurz kam. Nach ein paar Tagen machte er nämlich den Vorschlag, ‚in die Berge‘ zu steigen und dort seinen Freund John zu besuchen. Nein, Amerikaner sei er nicht, nenne sich aber John. Und damit ich nicht allein gehen müsse, verkuppelte er mich mit Christian, einem chilenischen Studenten, der am Tag zuvor im guest-house angekommen war.

Der Aufstieg auf die Hochfläche über dem See, 1700 m hoch – der See liegt 900 m über dem Meer- kostet Kraft. Schnell wird der Weg schmaler und steiler, und je höher wir klettern, desto kleiner wird der See, eine silberne Fläche tief unter uns in der Sonne. Von der Bergseite her schlagen uns Sträucher und Farne ins Gesicht, an Arme und Beine. Unsere Kleidung ist völlig durchgeschwitzt. Ich kann kaum noch dem eigenen Herzschlag hinterherhecheln. Felsbrocken blockieren den Pfad, und wir kommen nur auf allen Vieren hinüber. Kurz darauf stoßen wir auf drei halbnackte Männer, die mit ihren halbrunden Riesenmessern Schilf schneiden. Sie bewegen sich wie Finken im Kirschbaum, und ich fühle mich wie ein Elefant auf einer Hängebrücke...

Endlich erreichen wir hoch oben den Wald, herrlich kühl! Die bemoosten Baumstämme sind klatschnass; am liebsten würde ich Wasser aus dem Moos pressen und sofort trinken. Doch ich ich weiß nicht, ob es gefahrlos ist.

Hier im Schatten ist es angenehm zu gehen. Nur der Boden ist an vielen Stellen glitschig. Von oben herab hängen Lianen. Aus abgebrochenen, abgefaulten Bäumen sprießen riesige Blattpflanzen in allen Fraben von tiefbraun bis hellgrün. Einmal führt der Weg tief hinab zu einem Fluß, wo zwei Baumstämme übers Wasser führen. Wir kommen nicht so souverän hinüber, wie wir das aus Filmen kennen, aber immerhin ohne ins Wasser zu plumpsen. Drüben geht's wieder hinauf, und nach einer Stunde stoßen wir auf ein halb verwittertes Holzschild: „Mr. John's Restaurant. Accomodation. Food. Drinks." Das Restaurant ist eine windschiefe Holzhütte, davor grast Vieh. Zwei ältere Frauen und ein Junge von etwa 10 Jahren begrüßen uns; letzterer hat augenscheinlich das Management übernommen. Mir leuchtet ein, dass er mit Sudirman befreundet ist.

In Bambussesseln warten wir auf den Tee. Zwei Becher für jeden, mit Limone. Das Nasi goreng wird länger dauern. Eine der Frauen bringt Früchte, die aussehen wie grüne Kastanien ohne Stacheln: Passionsfrüchte. Man muss sie vorsichtig öffnen. Dann hält man zwei Schalen in der Hand, gefüllt mit etlichen Kernen, die in einer durchsichtigen, gallertartigen Flüssigkeit schwabbeln. Weiß, gelb, rötlich, rosa, lila sind die Kerne, je nach Reifegrad. Jeder Löffel ein Genuß! Wie das Nasi goreng mit gebratenem weißen Reis, dazwischen wenig Grünes, vor allem Schnittlauch. Bald spüre ich Sand zwischen den Zähnen, aber das schmälert nicht die Freude an diesem Essen.

Mr. John empfiehlt uns, nicht zurückzuwandern, sondern in Richtung Pangururan zu gehen. Das ist ein Städtchen auf der anderen Seite des Waldes, von dem aus wir mit dem Bus zurück nach Ambarita fahren könnten. Ein reizvoller Vorschlag. Die wunderschöne Landschaft hat etwas vom Charakter des Hochschwarzwalds: Nadelhölzer, Sand, strähnige Wiesen. Riesige Felder, kurzgefressen von Ziegen,

Schweinen und Büffeln. Man könnte Golf darauf spielen. Alle ein, zwei Kilometer ein Dorf, meist rechteckig umzäunt von dichtgepflanztem Bambus. Das schützt vor der Witterung, vor wilden Tieren. Und es hält das Vieh zusammen. In den Rechtecken spielen dutzende Kinder in den von den Erwachsenen verlassenen Dörfern; die Eltern und Großeltern arbeiten auf den Feldern oder im Wald. Viele Menschen wohnen aber nicht auf der Hochebene.

Dann donnert es. Wir haben nicht bemerkt, dass der Himmel sich zugezogen hat. Es beginnt zu regnen. Dicke, schwere Tropfen. Uns wird bald klar, dass wir es bei diesem Wetter und um diese Tageszeit nicht mehr bis Panguruan schaffen. Also betreten wir zögerlich eines dieser bambusgeschützten Rechtecke. Drei Häuser stehen da. Hoch auf Pfählen. Unter dem einen zwei 11 oder 12 Jahre alte Mädchen. Verlegen kichern und grinsen sie, unsicher. Stellen sich dann doch lieber, in sicherer Entfernung, unter ein anderes Haus. So beobachten wir uns gegenseitig eine halbe Stunde lang, bis endlich aus dem mittleren der drei Häuser ein gut 30jähriger Mann schaut und uns hineinwinkt; er hat wohl begriffen, in welcher Lage wir stecken. Wir sind dankbar und klettern die Leiter hoch. Im Haus ist es halbdunkel. Wir ziehen unsere Schuhe aus und hocken uns auf eine Bastmatte. Kopi? Kaffee?

Auf der anderen Seite des Hauses wird die Glut angefacht, die in dem sauberen Holzhaus ständig schwelt. Ein paar Holzspäne hinein, ein bisschen fächern, und es brennt.

Nach und nach trauen sich mehrere Kleinkinder aus ihren Verstecken. Eines kann kaum krabbeln, der Vater schnallt es sich in einem Tuch auf den Rücken; später gibt er es an eine kaum Vierjährige weiter.

Wir bieten dem Hausherrn eine Zigarette an. Einer seiner Söhne greift auch zu und nimmt sich gleich zwei. Ein ‚Gespräch' kommt aber erst in Gang, als der Chilene sein kleines Indonesisch-Wörterbuch aus dem Rucksack kramt und auf Bilder zeigt.

Schließlich begreift der Vater, dass wir gerne bei seiner

Familie übernachten wollen, und er stimmt zu. Erleichtert schenken wir ihm eine kleine Taschenlampe, die er begeistert annimmt.

Dann gibt's Essen für uns: Süßkartoffeln und getrockneten, kleingeschnittenen Fisch. Und dann steht plötzlich die Mutter in der Tür. Mit einem riesigen Netz voller Obst und Gemüse – und mit nackten Brüsten. Sie nimmt sich sofort das inzwischen schreiende Baby und beginnt es zu stillen, während sie unentwegt auf meine blonden Haare guckt.

Unsere Schlafstätte ist eine Art Holzempore über dem Eingang. Dort breiten wir im Licht einer Fackel unsere Schlafsäcke aus. Dann nimmt uns der Vater das Licht weg, und wir sind allein. Doch vom Wohnraum nebenan dringt etwas Licht herein. Und Lärm! Die Familie ißt nun auch zu Abend. Die Kinder singen, ein Transistorradio spielt. Unter uns kläffen Hunde, brüllen die Büffel, meckern die Ziegen, grunzen die Schweine. Die ganze Nacht hindurch scheuern sich die Tiere an den Balken, auf denen das Haus ruht; es vibriert.

Beim Abschied am nächsten Morgen wollen wir dem Vater Geld geben, doch das will er nicht. Er zeigt uns den Weg nach Pangururan und wir ziehen los. Als wir uns noch einmal umdrehen um zu winken, hat sich die gesamte große Familie vor dem Haus versammelt und winkt auch uns hinterher.

Zurück im guest-house in Ambarita erleben wir einen aufgeregten Sudirman. Er hat sich größte Sorgen um uns gemacht, weil wir zur Nacht nicht zurückgekommen waren. Es berührt mich sehr zu erleben, dass er sich für uns verantwortlich fühlt. Doch Sudirman ist schnell besänftigt und verschwindet in der Küche, um fröhlich ein Essen zur Feier des Wiedersehens zuzubereiten.

Kurz bevor ich wieder abreiste, bat mich Sudirman um einen Brief aus Deutschland. In englischer Sprache. Meine Rückfrage, ob er mir dann auch antworte, machte ihn ganz verlegen. Schließlich sagte er: Wenn er erstmal in Jakarta sei und dort eine Schule besuche oder gar studiere, dann wolle er mir zurückschreiben. Was er lernen und studieren wolle, war ihm noch nicht ganz klar. Nur dass er etwas lernen wollte, das war für ihn eine ausgemachte Sache.

Als ich das begriffen hatte, gab ich mir noch mehr Mühe mit meinem Englisch Sudirman gegenüber. Es ist nicht übertrieben zu sagen, dass ich den Jungen bewunderte. Er hatte klare Ziele. Und er setzte sich dafür ein. Es gelang ihm sogar schon mir auf englisch im Detail zu erklären, wo und wann der Bus nach Bukittingi abfuhr.

Die Frau von Sibolga
(Indonesien)

*D*ie unscheinbare Frau geht mir seit Jahrzehnten im Kopf herum.

Sie war in Sibolga eingestiegen, wo der Bus eine längere Pause eingelegt hatte. Und sie hatte sich, seltsam genug, auf den einzigen noch freien Platz gesetzt, eine Reihe vor mir, auf der anderen Seite des Mittelganges - zu einem Zeitpunkt, als fast alle Passagiere das Fahrzeug verlassen hatten, um irgendwo ein Abendessen aufzutreiben.

Doch das allein ist nicht der Grund dafür, dass ich diese Frau nicht vergessen kann. Auch nicht die Tatsache, dass sie den Mittelgang mit zwei riesigen Pappkartons versperrt hatte, über die die weiter hinten sitzenden Fahrgäste nur mit Mühe hinwegsteigen konten. Sie taten es ohne verärgerte oder gar böse Kommentare, obwohl sich manche von ihnen mit ihren Sarongs in dem uralten Schirm verfingen, der auf einem der Kartons festgezurrt war, und der bei uns in Europa längst auf dem Müll gelandet wäre.

Der Bus war ein Mercedes. Doch wir waren nicht in Europa, sondern in Indonesien, auf der Insel Sumatra, auf der Fahrt vom Toba-See nach Bukittinggi. Diese Stadt ist bekannt für ihren kräftigen Kaffee, für ihre Silberschmuck-Werkstätten und ihr Erbrecht, das die mütterliche Linie begünstigt.

Matriarchat! Bei diesem Wort schlüpft eine Amazone vor das geistige Auge, jung, schön, selbstbewußt, kämpferisch.

Die Frau, von der ich erzähle, paßt nicht in dieses Klischee. Aber auf andere Art war auch sie eine Amazone.

70 war sie vielleicht. Eher älter. Und sehr klein. Ihre Füße

reichten nicht bis auf den Boden und pendelten mal schnell, mal langsam hin und her, rauf und runter, als wollten sie die Fahrt des Busses durch die indonesische Nacht nachzeichnen.

Stockfinster war's draußen. Alle Fahrgäste hatten sich irgendeine Position gesucht, in der sie glaubten ein bisschen zur Ruhe zu kommen. Die Arme auf die Lehne des Vordersitzes und, vorgebeugt, den Kopf dorthineingelegt, bis irgendein unsanfter Stoß sie wieder aufschreckte.

Oder den Kopf seitlich abgewinkelt und, auf die Schulter gesenkt, an die Rücklehne gepreßt - bis zum nächsten Schlagloch. Sich entspannen oder gar schlafen konnte man dabei nicht, weil man immer mit dem nächsten Stoß rechnen musste.

Nur die Frau mit den Kartons und dem Schirm: die konnte es. Aufrecht saß sie, die Augen geschlossen, die Hände auf die kurzen Oberschenkel gelegt. Alle ihre Sinne schienen woanders zu sein. Weder den Dieselgeruch noch den Staub, weder den unbequemen Sitz noch das Klatschen und Knallen der Blätter und Äste gegen die Karosserie des Busses schien sie wahrzunehmen.

Die Blätter und Äste sind wichtig in dieser Geschichte, die gleich zuende geht, denn sie machen deutlich: der Bus fuhr nicht nur durch stockfinstere Nacht, sondern auch durch dichten Wald. Das letzte Dorf lag bestimmt eine halbe Stunde zurück. Einem anderen Fahrzeug waren wir schon lange nicht mehr begegnet. Wo wie eigentlich waren, hätte ich trotz guter Karte beim besten Willen nicht feststellen können. "In the middle of nowhere" wahrscheinlich.

Da schlägt plötzlich etwas gegen die Fensterscheibe. Drei-, vier-, fünfmal. Dann quietscht es fürchterlich, und der Bus hält so abrupt, als müsse er einen Bremstest bestehen. Der Fahrer öffnet die Tür. Die Frau, die ihren Schirm in der Hand hält, steht auf, sagt ein paar Worte, steigt aus und wartet. Wartet, bis jemand die beiden Kartons ausgeladen hat. Dann schließt der Fahrer die Tür, und der Bus fährt wieder an.

Als ich mich umdrehe und durch die Heckscheibe zurückschaue, kann ich im Schein der Rücklichter nur noch die beiden Kartons erkennen. Die unscheinbare Frau ist nicht mehr zu sehen. Sie kann nur im dichten Wald verschwunden sein.

Vor vielen, vielen Jahren war das. Aber ich kann es nicht vergessen, dieses ganz andere Leben.

Dazugehören

Sumatra: das stand für wilde Tropen. Genauso wie Borneo. Wenn wir als heranwachsende Jungen über Borneo phantasierten, sorgten Riesenschlangen und Kannibalen für ehrfürchtiges Erschauern. Da war kein Schritt möglich ohne auf Schrecken und Grauen zu stoßen. Es war die Hölle am Äquator, verborgen unter einem riesigen Blätterdach, durchzogen von gewaltigen Flüssen, in denen sich Krokodile und fleischfressende Fische tummelten. Lautlos jagten vergiftete Pfeile durch die Luft. Wer sich da hinwagte, der war todesmutig und musste mit einem gräßlichen Tod rechnen.

Solches Unglück ist mir erspart geblieben. Stattdessen habe ich die große Fürsorge einer Familie in Zentralkalimantan (so nennen die Indonesier ihren Teil der Insel Borneo) kennengelernt, an die ich fast 30 Jahre später mit Wehmut zurückdenke – denn die Freundschaft hat kein gutes Ende genommen.

Wichtigste Bezugsperson für mich war D. vom Volk der Dayak, der ein paar Jahre jünger war als ich und soeben seine Ausbildung als christlicher Pastor abgeschlossen hatte. Studiert hatte er, dank längerer Stipendien, bei deutschen Theologen in Jakarta und Hamburg. Er sprach also gut Deutsch, aber wir konnten uns auch englisch verständigen.

D. begleitete mich 4 Wochen lang durch Borneo. Er unternahm eine beschwerliche Reise mit mir zu seiner alten Großmutter, die in einem kleinen Dorf lebte. In den paar Tagen, die wir in ihrem Haus verbrachten, hatte ich Erlebnisse, die ich mein Leben lang nicht vergesse.

Ich durfte z.B. an einer ‚Sitzung' der Kaharingan teilnehmen. Die Kaharingan sind eine animistische Gruppierung. Sie hatten zwei alte Frauen ins Haus gerufen, die zur Heilung einer Kranken Kontakt mit den Geistern aufnehmen sollten. Nach einem endlosen Essen, bei dem ihnen allerbeste Speisen aufgetischt worden waren, begannen sie ihr Geschäft und tanzten zu Trommelklängen. Dabei unterbrachen sie immer wieder ihre Beschwörungen, rauchten Kette, nahmen die Tänze wieder auf und stießen zu fortgeschrittener Stunde schweißüberströmt schrille Töne aus. Völlig erschöpft nahmen sie schließlich Geschenke entgegen.

Von den Dorfältesten wurde ich tief in den Wald zu einer Stätte geführt, die als Friedhof für verstorbene Ahnen diente. Zwischen üppig wuchernden Büschen ragten dort mehrere mit Schnitzereien geschmückte Holzpfähle aus dem Waldboden, die in 2 bis 3 m Höhe horizontale, in Form von Krokodilen beschnitzte Balken trugen. In den Aushöhlungen lagen Schädelknochen und Teller (!), die den Verstorbenen Glück bringen sollten. Einmal im Jahr wurden die Knochen der Toten zu einem ‚Besuch' zurückgetragen ins Dorf, um ihnen zu zeigen, wie sich die Gesellschaft entwickelt hatte: wer geheiratet hatte, welche Kinder geboren, welche Häuser gebaut worden waren.

Wir wuschen uns in einem klaren See im Regenwald. Ein kleiner Junge, der meine weiße Haut sah, lief schreiend davon; er hatte wohl einen großen Schrecken und Angst bekommen.

Und im Haus der Großmutter unterhielten wir uns bis tief in die Nacht über Christen und Naturreligionen; um uns herum das Dorf lag schwarz und totenstill.

Nach den Tagen bei D.'s Großmutter verbrachten wir einige Wochen im Haus seiner Eltern, wo auch D.'s Frau und ihre gemeinsamen Kinder lebten. Die ganze Familie tat alles, um mir den Aufenthalt so angenehm wie möglich zu machen. Jeder schien ein Gespür für meine Wünsche und Gefühle zu haben, so dass ich mich bald sehr wohl fühlte. Wäre die Umgebung und wären die Unternehmungen nicht so exotisch gewesen: ich hätte mich kaum noch fremd gefühlt. Manchmal fragte ich mich, was ich meinen Gastgebern für all ihre Aufmerksamkeit und Fürsorge je zurückgeben könnte. Stattdessen wurde ich jedoch beim Abschied mit Geschenken überhäuft: einem wunderschönen, auch für meine Ästhetik geschmackvoll geflochtenem Rattan-Korb; einem Buschmesser, einer Art Machete, die D.'s Vater lange selber benutzt hatte und Tüchern und einer Tischdecke, die D.'s Mutter gebatikt hatte. D. überreichte mir einen Kautschuk-Stab mit einem herausgeschnitzten Dayak-Krieger. Seine Frau gab mir Halbedelsteine für meine mit. Und selbst die Kinder beschenkten mich mit Fächern aus Rattan.

Als N., die Frau von D., meine Familie ein Jahr später für ein paar Wochen in Deutschland besuchte, war mir jeder Tag meiner Reise nach Kalimantan wieder gegenwärtig. Und so ähnlich erging es mir noch Jahre später, als auch D. für ein paar Monate bei uns in Deutschland wohnte; er hatte sich an der Universität für ein Ergänzungsstudium eingeschrieben.

War es falsch, dass wir ihn, der wieder ein sehr großzügiges Stipendium bekommen hatte, um eine finanzielle Beteiligung an seinem Lebensunterhalt baten? Oder war es ein Affront für ihn, als er uns –wiederum ein oder zwei Jahre später- um eine erhebliche Summe für die Ausbildung seines Sohnes bat und sie nicht von uns bekam?

Wir haben nie begriffen, warum der Kontakt zwischen ihm uns uns plötzlich abstarb und auch trotz mehrerer Briefe nicht wieder auflebte. Wenn ich an die wunderbare Zeit mit ihm und bei seiner Familie zuückdenke, empfinde ich das immer neu als sehr bitter. Vor nicht allzulanger Zeit googelte ich nach D. im Internet und entdeckte ihn mit einer Funktion einer kirchlichen Einrichtung auf Kalimantan. Die email, die ich dorthin schickte, wurde nicht beantwortet.

* * *

Von Jahr zu Jahr zog es mich zurück nach Thailand. Nachdem ich gelernt hatte mich ohne Schwierigkeiten überall zurechtzufinden, entdeckte ich die Attraktivität des ganz normalen Alltags, jenseits der Pagoden, Tempel, Stupas. Ich wünschte mir, über den Status des Nur-Touristen hinauszuwachsen und Teil der thailändischen Gesellschaft zu werden. Ich wollte dazugehören. Und kam auf die Idee, den Vorsteher eines alten Tempels in Chiang Mai anzuschreiben. Ich fragte ihn, ob es möglich sei, für einige Wochen als Gast in seinem Kloster zu leben und zu studieren (ich wollte die Bibel lesen, und dazu schien mir die Ruhe eines Klosters die beste Voraussetzung)?

Viele Wochen später lag ein dicker Briefumschlag mit bunten thailändischen Briefmarken in meinem Briefkasten. Als ich ihn öffnete, rutschten ein paar Photos heraus. Auf ihnen waren mehrere traditionell gebaute Thai-Teakhäuser mit herrlichen Giebelschwüngen inmitten eines üppigen, tropischen Gartens zu sehen. Und ein paar handgeschriebene Zeilen in deutscher Sprache. Sie stammten von einem älteren Mann, einem Deutschen, der seit einiger Zeit in Thailand lebte; er hatte auch ein Photo von sich und seinen beiden großen Hunden dazugelegt; alle drei sahen sympathisch aus.

Der Klostervorsteher habe meinen Brief an ihn weitergeleitet, schrieb der Mann, weil das Kloster seit einiger Zeit keine Gäste mehr über Nacht aufnehme. Ob ich stattdessen bei ihm wohnen wolle? Das Angebot, das er mir machte, war sehr günstig, und ich ließ mich darauf ein.

Als mich K., der Deutsche, an einem Tag Anfang Februar

vom Flughafen abholte, stand das Land halb unter Wasser, und die Menschen in den Dörfern sahen alle sehr fröhlich aus. Beim Abendessen auf den Holzdielen der Terrasse erzählte K., dass ein so ergiebiger Regen für diese Jahreszeit ungewöhnlich sei und die Menschen vor Freude auf der Straße getanzt hätten. Allein diese kleine Geschichte machte mich glücklich; in einem Reiseführer hätte ich sie nicht gefunden, und in einem Hotel hätte mir das niemand erzählt.

K.'s Häuser, die er mit Hilfe eines jungen Thai-Baumeisters errichtet hatte, waren in der Realität noch schöner als auf den Photos. Nachdem ich mein Zimmer bezogen und mich heiß geduscht hatte –das heiße Wasser kam aus einem Kessel, der den ganzen Tag über der Sonne ausgesetzt war-, führte er mich über sein Grundstück. Im Zentrum hatte er sich einen Teich angelegt, dessen Wasser eine selbst gebaute, fast über das ganze Grundstück reichende Bewässerungsanlage speiste. Außerdem hatte er einen Brunnen gebohrt. So war es kein Wunder, dass überall blühende Gewächse wucherten. Ein Paradies!

Als ich mit K. nach dem Abendessen auf der Terrasse saß, einen Mekong-Soda in der Hand und den Blick nach Westen, über die üppigen Trauben von Jasmin-Blüten hinweg in Richtung Birma, dachte ich: nie wieder ein Hotel! Endlich bin ich in der thailändischen Gesellschaft angekommen. Aber da hatte ich mich getäuscht. Denn so traumhaft es mir schien: es war ja nur der Traum, den sich ein farang, ein Ausländer, mit seinem Geld versucht hatte zu verwirklichen.

Denn im Lauf der Jahre, bei mehreren längeren Besuchen, begriff ich, was sich hinter der herrlichen Kulisse tat. K. lebte für thailändische Verhältnisse in üppigsten ökonomischen Verhältnissen. Sein Traum war es, sich vollständig in die Thai-Gesellschaft zu integrieren. Doch die Kluft zwischen ihm und den Menschen, die mit und von ihm lebten, war zu groß.

Der junge Baumeister, der K.'s Häuser gebaut hatte, erkrankte bald an Aids. Vielleicht war ihm das großzügige Leben, das ihm K.'s Bezahlung ermöglicht hatte, zu Kopf gestiegen. Er betrog seine Frau und infizierte auch sie. Beide starben, noch keine 30 Jahre alt, kurz nacheinander.

Dann erlebte ich die Trennung K.'s von seiner ersten Thai-Frau, die großzügig ‚abgefunden‘ wurde. Genauso seine zweite Frau, die sich ebenfalls nach erheblichen finanziellen Zugeständnissen mit einer Trennung einverstanden erklärte. Mit der dritten Frau hat er, schon über 70 Jahre alt, inzwischen zwei Kinder. Ebenso wie früher die beiden ersten Frauen spricht er von ihr als „genau richtig für mich“. Als „hätten wir schon lange und glücklich in einem früheren Leben zusammengelebt“.

Zwei-, dreimal habe ich K. später noch besucht. Jedesmal habe ich die Erfahrung gemacht, dass er sich nur für sich interessiert. Die Welt, in der er sich zu Hause glaubt, hat nichts zu tun mit der, in der er lebt.

Unterricht in Thai
(Thailand)

*M*otorradfahren in Thailand ist etwas Herrliches.

Auf einer Landstraße sanft durch Reisfelder und Bambushaine zu gleiten, einen warmen, erfrischenden Wind unter dem Helm zu spüren, im Vorbeihuschen ein Lächeln zu ernten, wo nichts gesät war - herrlich!

Hätte ich aber gewusst, was mein Karma für diesen Tag vorgesehen hatte - ich wäre bei Khun K. in Hang Dong geblieben und niemals auf die Honda gestiegen...

Ich musste in die Stadt. Doch schon hinter den Reisfeldern, noch vor dem Superhighway, spuckte die Honda und blubberte aus.

Über die Bambushecke, vor der sie zum Stehen kam, strahlte mich ein alter Mann an.

Ich strahlte zurück, was unter den Umständen nicht ganz einfach war.

Dann legte ich den Leerlauf ein und trat den Starthebel durch. Einmal. Dreimal. Zehnmal.

Der Alte nickte mir aufmunternd zu ...

Als ein Schweißtropfen auf den Benzintank fiel, nahm ich den Helm ab.

"Vielleicht ist sie abgesoffen", dachte ich und übte mich eine Weile in Geduld. Dann unternahm ich einen neuen Startversuch.

"Tack-tack-tack-tack-tack" machte es, aber leider war es nicht meine Honda, sondern ein Moped, das gerade vom

Superhighway abgebogen war und auf mich zurollte. Auf dem Moped ein Mann. Ich hob hilfesuchend einen Arm und deutete auf die Honda, gleichzeitig versuchte ich zu lächeln, so gut es ging.

Lächeln ist immer gut in Thailand, besonders in einer schwierigen Situation.

Dass ich auf dem Weg zu Khun Duangkorn war, in die Universität, wo ich meine dritte Thai-Stunde erhalten sollte – das nützte mir in diesem Augenblick gar nichts. Zwar hatte ich in den beiden ersten Stunden die 5 verschiedenen k-Laute malen gelernt. Aber auf Thai zu erklären, dass mein Motorrad im Fahren ausgeblubbert war: dazu war ich noch nicht fortgeschritten genug.

"Der Mann ist ja nicht blöd!" hoffte ich also inständig.

Und tatsächlich: er machte sich gleich ans Werk.

Sah sich ein paar armselige Kabel an, die trostlos in der Gegend herumhingen, und schraubte die Zündkerze heraus.

Schwarz!

"Das ist es", hoffte ich.

Und tatsächlich: der Mann zeigte auf meine Gesäßtasche, wo mein Portemonnaie steckte und zeigte in Richtung Superhighway.

Aha, verstand ich, er will eine neue Zündkerze kaufen.

Wenn er nicht zu lange braucht, kann ich vielleicht sogar noch pünktlich um 11 Uhr bei Khun Duangkorn sein.

Ich gab ihm also einen 500-Baht-Schein und sah ihn mit Wohlwollen davonfahren.

Der Alte hinter der Bambushecke strahlte ...

"Wird schon werden", las ich aus seinem Gesicht und lächelte zurück.

Auf dem sonnendurchfluteten Weg zwischen den Bambushecken wurde es allmählich warm.

Ich nahm meine Umhängetasche ab und hängte sie an einen starken Ast.

Dann betrachtete ich mir die Honda genauer.

Neu sah sie nicht aus.

Mich erstaunte, wieviel Hebelchen und Schalter sie besaß.

Über die Bambushecke grinste der Alte.

"500 Baht sind viel Geld", kam mir in den Sinn. Die Zeit verging. Und mir kam die Frage in den Sinn, womit der hilfsbereite Motorradfahrer eigentlich mein Vertrauen verdient hatte? War er vielleicht schon längst davon mit dem Geld?

Da kam er. Drückte mir 440 Baht in die Hand, packte eine neue Zündkerze aus, ließ die Verpackung fallen, wo er gerade stand, schraubte die Zündkerze ein und startete. Der Motor klang wie ein Tempelglöckchen.

Das war eine Belohnung wert. Eine sehr gute, die ich auch dann noch nicht bereute, als ich auf dem Superhighway im 4. Gang nach Chiang Mai schnurrte.

"Dschumm..." machte es, als ein mit rosa Kühlschränken beladener LKW vorbeidonnerte.

"Schumm..., dschumm...."

Vielleicht wäre ich besser doch erst gegen Mittag gefahren, wenn alle hinter ihrer Nudelsuppe sitzen und fernöstlicher Friede einzieht. So zog mich der Sog vorbeidonnernder LKW's fast jedesmal in den Klong, in den Wassergraben, der die Straße begleitete.

Kein schönes Gefühl.

Aber es gelang mir doch immer wieder, die verkrampften Hände zu lockern und mich auf den Sprachunterricht zu freuen.

Da begann die Honda wieder zu spucken, und ganz folgerichtig blubberte sie kurz danach aus.

Wir kamen auf einem öldurchtränkten Sandfleck zum Stehen und trotz der brandneuen Zündkerze nicht wieder in Fahrt.

Um die Geschichte nicht allzusehr in die Länge zu ziehen, will ich nur kurz erwähnen, dass der freundliche junge Mann, der auf der gegenüberliegenden Straßenseite eine kleine Garküche betrieb, kein Mechaniker war. Aber zusammen mit seiner Frau und seiner Tochter gelang es ihm, die Honda auf die Ladefläche seines Pickups zu wuchten und sie und mich zur nächsten Werkstatt zu fahren. Dort durfte ich mich auf einen roten Plastikhocker setzen, während drei jugendliche Mechaniker beinahe alle Schrauben der Honda lösten und begannen, mit einem Voltmeter den Energieströmen des Motorrades nachzuspüren.

Ich setzte mich aufrecht - die Haltung bestimmt das Selbstbewußtsein - und lächelte in die Runde.

Alle lächelten zurück.

Nur die Honda inmitten ihrer demontierten Einzelteile sah etwas traurig aus.

11 Uhr war längst vorüber.

Khun Duangkorn wartete bestimmt nicht mehr. Es war also nicht schlimm, dass ich ihre Telefonnummer nicht dabeihatte. Ungünstiger war, dass ich auch die Telefonnummer von Khun K. nicht wusste, dem Besitzer der Honda, der mit seinem Auto und seinem fließenden Thai eine gewisse Hilfe gewesen wäre...

Dann war Nudelsuppenzeit!

Die jugendlichen Mechaniker guckten etwas verlegen in die Runde, wie ich fand. Dann kam die junge Frau hinter der Kasse zu mir herübergeschlurft und sagte: "You come back afternoon. Okay?"

Da gerade eines von den roten Sammeltaxis vorbeifuhr, die die Strecke hinaus nach Hang Dong bedienten, von wo ich gekommen war, schrie ich "Yes!" und rannte hinter dem Taxi her, das 50 m weiter zum Stehen kam.

Wo 14 Leute auf 8 Plätzen sitzen, paßt noch ein weiterer hin, auch wenn ich dabei zwei Frauen mit ihren an den Beinen zusammengeschnürten, flatternden Hühnern sehr dicht auf die Pelle rücken musste.

Ich pfiff "On my way home" in mich hinein, als das Sammel-taxi unerwartet und scharf nach rechts abbog und Kurs auf die Bergkette am Horizont nahm, wo Birma liegt.

Es gelang mir, es anzuhalten und auszusteigen.

Zurück am Superhighway fand ich ein schattiges Plätzchen hinter einem Baum, der lila blühte.

Das nächste rote Sammeltaxi, das kam, war vollkommen leer bis auf den Fahrer und eine Frau auf dem Beifahrersitz, die fließend Englisch sprach.

Sie übermittelte mir das Angebot des Fahrers, mich für 80 Baht nach Hang Dong zu bringen.

Ich stimmte erfreut zu, und nachdem sie selbst kurz darauf an einem "Meditation Center" ausgestiegen war, saß ich allein neben dem Fahrer.

"Hang Dong", sagte er. Und war glücklich, dass er mein Ziel verstanden hatte. Wunderte mich aber über die Art, wie wir vorankamen.

Gut, sein Auto war älter.

Aber ich hatte noch keines erlebt, das über den heißen Asphalt glitschte wie ein Stück Butter, gelegentlich rechts wie links nicht unerheblich in die Knie gehend.

"Hang Dong", sagte er noch einmal, und als er sich mir lächelnd zuwandte, puffte mir eine gewaltige Alkoholfahne ins Gesicht.

"Hang Dong - Mekong!".

Er freute sich darüber, wie vortrefflich sich der Name des Reis-Whiskeys auf den Namen unseres Zielortes reimte.

Aber wir schafften es.

Als ich den Weg zwischen den Bambushecken entlangging, fiel mir eine kleine, leere Pappschachtel auf, die irgendjemand achtlos in den Sand geworfen hatte, und in der einmal eine Zündkerze gewesen sein musste. Da blieb mir der Atem stehen...

Doch als ich vorsichtig hochblickte, vorbereitet auf den Schock, entdeckte ich meine Umhängetasche. An dem Ast, an dem ich sie aufgehängt hatte. Glücklicherweise schmelzen ein Reisepass und selbst Geldscheine auch in der größten Hitze nicht, ebensowenig wie eine Mastercard.

Und als wäre nichts gewesen, strahlte der Alte über die Bambushecke ...

Die Geschwindigkeit des Lebens

Mir wurde bewußt, dass ich die Sprache des Landes lernen musste, in dem ich noch mehr zu Hause sein wollte. Deshalb nahm ich mir eine berufliche Auszeit und zwei Monate lang intensiven Sprachunterricht. Dabei kam ich in Kontakt mir der deutschen Abteilung der Unversität Chiang Mai, an der etliche junge Thais Deutsch studierten. Und über den Leiter der deutschen Abteilung wurde meiner Familie eine thailändische Gast-Tochter vermittelt, die ihr Deutsch-Studium nach dem Examen in Deutschland fortsetzen wollte.

Die zarte N. landete Anfang April in Deutschland und schob am Flughafen eine Karre mit einem Koffer schwer wie Eisen vor sich her. „40 kg", sagte sie verlegen kichernd, als ich ihn zu Hause die Treppen hinauf in den 3. Stock gewuchtet hatte. Es stellte sich schnell heraus, dass sie viel Überflüssiges eingepackt hatte; das Leben in Deutschland war überhaupt nicht vorstellbar für sie.

„Sind Geister im Zimmer?", erkundigte sie sich. Sie hatte noch nie allein in einem Raum gelebt.

Auch wir lernten unsere eigene Welt durch N. neu kennen. Junge thailändische Frauen in Begleitung älterer Männer sind selbstverständlich Prostituierte: das machten mir etliche Blicke klar, als ich mit N. an der Kasse des Supermarktes wartete. Ich kam mir vor, als würden Kübel mit Dreck über meinem Kopf ausgeleert.

N., die vorher noch nie im Ausland gewesen war, fand sich aber schnell zurecht. Sie wollte alles ausprobieren. Wenn sie Fahrrad fuhr – so langsam, dass man um ihr Gleichgewicht fürchten musste –, blieb uns manchmal der Atem stehen. Wenn sie kochte, lief uns das Wasser im Mund zusammen. Wenn wir sie beim Genuß von Süßigkeiten beobachteten, wunderten wir uns nicht darüber, dass sie schnell zunahm. Und dass sie bei allen, mit denen sie zusammenkam, beliebt war, hatten wir nicht anders erwartet.

Was ich zunächst nicht bemerkte, war ihre allmähliche Veränderung. Ich hatte eine feste, unerschütterliche Vorstellung von N.'s Selbstwertgefühl. Doch mit den Wochen und Monaten stimmte das Bild in meinem Kopf immer weniger mit der Wirklichkeit überein. Ich musste anerkennen, dass sie zunehmend selbständiger wurde. Nach und nach fand sie sich überall allein zurecht, selbst im Umgang mit Behörden. Und ich musste meine Beziehung zu ihr korrigieren: aus dem sie beschützenden „Gast-Vater", der ihr einziger Dreh- und Angelpunkt gewesen war, war einer unter vielen Menschen geworden. Nicht, dass ich und meine Familie zur Nebensache für N. geworden wäre; sie blieb so charmant, so herzlich und höflich, wie wir sie kennengelernt hatten. Aber insbesondere mir wurde bewußt, dass sie sich von ihrer Gastfamilie emanzipiert hatte.

Nach 5 Monaten zog sie zum Studium in eine andere Stadt. Heute lebt sie verheiratet in England und hat ein Kind.

* * *

Die Thais lieben die Schnelligkeit – und die Langsamkeit. Sie beten das Tempo an und genießen die Bedachtsamkeit.

Fahren Sie mal mit einem TukTuk durch Bangkok! Da vergeht Ihnen Hören und Sehen. So ähnlich muss es Münchhausen auf der Kanonenkugel ergangen sein. Wie ein Geschoß jagt das kleine Gefährt über weite Kreuzungen und durch schmalste Gassen. Entdeckt blitzschnell die winzigste Lücke im Autostau. Umkurvt in gefährlicher Seitenneigung jedes Hindernis. Und am Ziel sind Sie dankbar, das nichts passiert ist. Benommen klettern Sie aus dem Gefährt und versuchen, in Ihrem geistigen Schrank die Tassen zu ordnen.

Oder benutzen Sie mal eines der Wasser-Taxis auf dem Chao Phraya! Kalkulieren Sie aber ein, dass so ein Schnellboot nur wenige Sekunden am Pier liegt – ach was, liegt: es bockt unvernünftig wie ein gereizter Stier, wie ein scharfer Wachhund, voller Ungeduld auf den Pfiff wartend, der es auf die nächste Teilstrecke schickt. Und wenn Sie dann einen Fuß an Bord und den anderen noch auf dem Pier haben, dann schauen Sie nicht nach unten, wo im schäumenden Fluß der Abfall einer 10-Millionen-Stadt brodelt, sondern entscheiden Sie sich für die Flucht nach vorn, denn dann haben Sie eine Chance, dass hilfreiche Hände Sie an Bord ziehen.

Andererseits: gehen Sie nicht zu schnell! (Gehen Sie möglichst gar nicht, denn etwas anderes kann ein Thai nicht verstehen: Warum gehen, wenn man fahren kann?) Gewöhnen Sie sich an ein Tempo zwischen Bremsen und Stillstand; die Mittagshitze wird Sie dabei unterstützen. Wenn Sie das Gefühl haben, sich selbst zu provozieren, sind Sie richtig! Nutzen Sie jede Möglichkeit, noch langsamer zu gehen oder zu essen. Ergreifen Sie jede Chance, stehenzubleiben und sich auf ein Gespräch einzulassen (sprechen müssen Sie aber schnell)! Denn dann machen Sie eine wunderbare Erfahrung: Sie entdecken die Kleinigkeiten. Sie nehmen wahr, was Sie bisher überfahren und überholt haben. Sie entwickeln die Wahrnehmungsfähigkeit für eine unbekannte Welt: die Welt der Feinheiten.

Konkret: wenn Sie auf einem thailändischen Markt an den Ständen vorbeilaufen wie sie es in Deutschland tun, dann sehen Sie, was Sie sehen wollen. Wenn Sie Ihre Geschwindigkeit mindestens halbieren, dann sehen Sie, was angeboten wird.

Und wenn Sie anfangen, einzelne Menschen wahrzunehmen, dann sind Sie endlich ein halber Thai!

Die Thais sind Zauberer, die alles möglich machen. Unkompliziert und schnell. Sollte man aber auf die Idee kommen, noch heute einen Flug auf den Mond buchen zu wollen, würden sie wahrscheinlich um Geduld bis morgen bitten. Doch das will man ja gar nicht. Die Sonne, das köstliche Essen, die Freundlichkeit der Menschen und die Urlaubsstimmung: das alles reicht vollkommen aus.

Auch ohne einen Flug zum Mond ist das Leben in Thailand äußerst angenehm. Schon allein durch die Preise für Essen, Getränke, Übernachtungen, Verkehrsmittel, Extras. Eigentlich sind es gar keine Preise, jedenfalls nicht in dem Sinn, dass alles seinen Preis hat. Denn für Europäer ist das Leben in Thailand spottbillig! Ein Abendessen auf dem Nachtmarkt für weniger als einen Euro, eine akzeptable Übernachtung ab 10 Euro, eine Bahnfahrt von Bangkok nach Chiang Mai (750km) ebenfalls für gut 15 Euro (frisch bezogene Liege inclusive): bei solchen Preisen wird man ‚großzügig‘. Man rechnet nicht mehr nach.

Umso mehr wundert man sich, wenn man ab und zu mit völlig überzogenen Geldforderungen konfrontiert wird. Man kann es nicht glauben und lächelt also ‚ungläubig‘ ob solcher

Maßlosigkeit. Sofort geht der Preis im Sturzflug um die Hälfte zurück. War nur ein Versuch. Lächeln! „Was wollen Sie denn geben?"

Muss man sich dann als Opfer eines grandiosen, aber nicht ernst gemeinten Betrugsversuchs sehen? Muss man es einem finanziell nicht gesegneten Asiaten übelnehmen, wenn er mal einen Versuchsballon startet, der selbst im Falle des Erfolgs den farang, den unglaublich reichen Ausländer nicht erschüttert?

Doch es gibt auch andere Fälle, die nicht so leicht einzuschätzen sind. Wie der in einem der großen Tempel in Vientiane, Laos.

Ein Mönch sitzt da auf dem Boden der weiten Halle, vielleicht 25 Jahre alt. Sein Kopf kahlgeschoren. Schon von weitem zieht er den Blick auf sich. Nicht nur, weil drei Frauen vor ihm knien, die ihn lebhaft mit Worten bestürmen. Sondern weil sein Gesicht Ruhe und Glück ausstrahlt, jung und frisch und glatt und ebenmäßig. Sein Ausdruck scheint eine Reife weit über seine Lebensjahre hinaus zu besitzen. Bei einem so jungen Mann erwartet man nicht solche Weisheit und Güte, wie sie hier vorhanden zu sein scheinen. Und das alles glaubhaft nicht zum Selbstzweck, sondern nach außen gerichtet, auf die Frauen.

Irgendetwas muss sie stark beschäftigen. Etwas, mit dem sie allein nicht zurechtkommen und nun Hilfe und Rat von ihm, dem Mönch, erwarten. Es dauert lange, bis alles gefragt und beantwortet ist und sich die Frauen endlich sichtbar entlastet zurücklehnen und zufriedengeben. Der Mönch schaut sie an, als wolle er ihnen die Gelegenheit zu weiteren Einwendungen geben, aber da ist offensichtlich nichts Ungesagtes mehr. Dann nimmt er eine Schale mit Wasser. Die drei Frauen beugen sich, kniend, tief hinunter, und empfangen die heiligen Tropfen, die er mit einem Bambuswedel über sie verteilt. Doch damit ist die Audienz noch nicht beendet. Denn nun greift der junge Mönch in ein Knäuel weißer Bänder, fistelt drei heraus und bindet sie, eines nach dem anderen sorgfältig verknotend, den Frauen um ihre Handgelenke. Als das geschehen ist, nickt er ihnen freundlich zu; sie sind entlassen.

„What can I do for you?"

Sein intensiver, angenehmer Blick trifft auf uns. Aufmunternd. Und es folgt, denn dieses Angebot können wir nicht ablehnen, ein halbstündiges Gespräch in bestem Englisch über seine Aufgaben in diesem Kloster. Am Ende erhalten auch wir weiße Bänder um unsere Handgelenke, verknüpft mit vielen guten Wünschen.

Doch dann die Überraschung: Ob wir ihm bei seiner Ausbildung helfen können? Zögern.

Wie wir das könnten?

Er möchte sich ein Lehrbuch kaufen.

Was das kostet?

150.000 Kip, das sind etwa 17 US-Dollar. Eine konkrete und dazu sehr hohe Forderung, die ich von einem bescheidenen, anspruchslosen Mönch niemals erwartet hätte. Ist er unverschämt – oder hatten wir falsche Vorstellungen? Ich wage es nicht, diesem Mann ‚nein' zu sagen und gebe ihm das Geld. Er dankt. Dann sind auch wir entlassen.

Und zurück in der selbstverständlich gewordenen ‚Billig'-Welt, in der alles so einfach scheint. Das alles gilt ja -eher noch mehr- auch für Thailands Nachbarländer Kambodscha und

Laos. Allerdings mit dem Zusatz, dass die Organisation des täglichen Lebens und Reisens dort nicht ganz so unkompliziert ist wie in Thailand.

Not go far!
(Laos)

*N*iemand hätte für möglich gehalten, dass sich der Koloss auch nur einen Millimeter in die Luft erheben würde.

„Not go far!" hatte der fast 70jährige Malagoo prophezeit.

Malagoo hatte neben der Landebahn von Vientiane noch ein Vermögen gemacht, als seine Altersgenossen sich längst mit der Opiumpfeife in den Ruhestand verzogen hatten. Er war der erste weit und breit, der den Kapitalismus begriffen hatte. Und als Anfang der 90er Jahre die ersten Touristen nach Laos kamen, hatte er schnell ein paar Brocken Englisch gelernt und das richtige Sümmchen an die richtige Person geleitet. Als Anerkennung hatte er die Lizenz für einen Verkaufsstand noch vor dem Zoll erhalten. Die Wartezeiten waren sehr lang damals, und seine Baguettes mit Chilichicken wurden der große Renner.

„Not go far!" hatte Malagoo dem Koloss prophezeit. Und weil er seit der Chilichicken-Affaire großen Respekt bei seinen Landsleuten genoss, hatten sie allesamt den Kopf geschüttelt, als der Hubschrauber vor einigen Jahren aus Altmetall und Ersatzteilen zusammengehauen worden war. Der Rumpf war sowjetischer Bauart, das Fahrgestell und die Rotoren kamen von jenseits der Großen Mauer, und der Motor stammte aus dem Land des Satans persönlich. Er war Anfang der 70er Jahre über dem Ho-Chi-Minh-Pfad vom Himmel gefallen.

Doch sie hatten sich geirrt. Alle. Malagoo und alle die anderen staunten nicht schlecht, als „Not go far!" eines Tages Anlauf nahm, sich in die Luft schraubte und hinter den Bergen im Nordosten verschwand. Als noch am selben Abend - aus Nordosten - ein Brummen vernehmbar wurde, das immer lauter wurde und erst auf der Landeabahn von Vientiane erstarb, standen sie alle mit offenen Mündern da – in die an diesem Abend reichlich LaoLao floß.

Seitdem –seit 7 Jahren- war „Not go far!" zuverlässiger Bestandteil der staatlichen laotischen Luftverkehrsgesellschaft und flog jeden Freitag und jeden Sonntag nach Sam Neua und zurück. Nicht ein einziger Flug war ausgefallen, so dass an dem Tag, als „Not go far!" seinem Namen schließlich doch noch gerecht wurde, niemand mehr daran dachte.

Es war ein Freitag.
Der Flug nach Sam Neua war ausgebucht, wie immer.
„Not go far!" musste nur noch aufgetankt werden, und die Passagiere warteten geduldig an Malagoos Chilichicken-Stand: ein paar Soldaten, eine Handvoll amerikanischer Touristen, vier Mönche und zwei Sprengmeister der ehemaligen Nationalen Volksarmee der DDR. Die beiden Sachsen gehörten zu einer Gruppe von Minensuchern, die im Gebiet zwischen Sam Neua und der vietnamesischen Grenze jeden Quadratmeter nach Splitterbomben und anderem höllischen Zeugs absuchten, das die Amerikaner während des Vietnamkrieges hier abgeworfen hatten. Jede vierte oder fünfte dieser Granaten war ein Blindgänger; viele sind heute noch scharf.

Während „Not go far!" einen Liter nach dem anderen schluckte, hatten die Soldaten ihre AK 47 in ein schattiges Eckchen gelegt und sich über Malagoos Hühner hergemacht. Die Mönche saßen still auf einer Bank. Die Sprengmeister unterhielten sich auf Sächsisch, und die Amerikaner schauten auf ihre Armbanduhren und machten skeptische Bemerkungen über die Leistungsfähigkeit des Hubschraubers.

Eine knappe Stunde nach der vorgesehenen Startzeit erschienen noch zwei Passagiere. Ein junges Paar. Laoten. Auffallend gut gekleidet. Sie sprachen kaum hörbar miteinander, während zwei Männer mehrere Koffer und Kisten heranschleppten und in dem Flieger verstauten, bevor sie mit einem tiefen Wai wieder verschwanden. Darauf entfernte sich -wie auf ein Stichwort- auch der Tankwagen, und an seiner Stelle erschien der Pilot.

Das Lebensalter von Asiaten ist für Europäer schwierig zu schätzen, aber älter als 25 war er auf keinen Fall. Er steckte in einem Fliegeranzug á la Charles Lindbergh und schwang sich in die Kanzel wie ein Cowboy auf einen Jungbullen.

Die Amerikaner waren still geworden.

Aber als der Pilot seine Fluggäste zum „Boarding" aufforderte, waren sie die ersten, die in dem Koloss verschwanden. Sie mussten allerdings enger zusammenrücken, als auch die anderen zustiegen, denn neben dem riesigen Tank, der frei in der Maschine stand, gab es nur zwei einfache, lange Sitzbänke parallel zu den Außenwänden.

Als der Motor ansprang, schüttelte sich „Not go far!". Sein Motorengeräusch stieg durch verschiedene Stadien der Vibration und sämtliche Tonfrequenzen an bis zu einem sehr hohen Sirren, das den Piloten schließlich zufriedenstellte. Die Tür zum Frachtraum existierte nicht mehr -jedenfalls nicht an der Stelle, die ihr zugedacht war-, so dass die Fluggäste beobachten konnten, wie der Pilot den Steuerknüppel mit viel Kraft nach vorn schob. „Not go far!" drehte die Nase nordwärts, nahm Fahrt auf, steigerte das Sirren fast bis zur Unhörbarkeit und war innerhalb weniger Sekunden weit über den Federbüschen der Kokospalmen. Unten glitten Vientiane zurück, die in der Mittagssonne glitzernden rotgoldenen Chedis und die Sandbänke des Mekong.

Als die vorgeschriebene Flughöhe erreicht war, machte es sich der Pilot gemütlich. Er arretierte den Steuerknüppel mit einer Art Einmachgummi, wickelte gekochten Fisch aus einer Titelseite der Vientiane Times und plazierte ein paar Plastiktütchen mit roten, gelben, grünen und braunen Saucen nebeneinander über dem Höhenmesser. Dann aß er.

20 Minuten später waren sie über dem NamNgun-Stausee.

Und kurz darauf schienen kahle Berggipfel durch die Bull-augen direkt in die Maschine hineinzustarren. Der Pilot legte den Fisch zur Seite, zog „Not go far!" in die Höhe und änderte den Kurs auf Nord-Ost, in Richtung Ebene der Tonkrüge.

Darauf schien einer der Amerikaner gewartet zu haben; er zog seinen „Lonely Planet Laos" hervor, schlug eine Land-karte auf und schaute durch eines der Bullaugen angestrengt nach unten. Er schien aber nicht zu finden, was er suchte. Die hunderte kreisrunder Spiegel, die unübersehbar von unten heraufblitzten, schien er nicht zu bemerken.

„Ich hab' diese amerikanischen Arschlöcher noch nie so deutlich gesehen!" flüsterte Wolfgang, der eine der Sachsen. Damit meinte er nicht etwa einen Teil der Passagiere, sondern die kreisrunden, voll Wasser gelaufenen Bombenkrater, die wie Sommersprossen über das Land gestreut waren und von den Laoten „american asses" genannt werden.

„Kein Wunder", antwortete sein Kumpel, „wenn mich nicht alles täuscht, geht der Bursche runter."

Er deutete mit einem Blick auf den Piloten, der das Essen eingestellt hatte und suchend in die Tiefe starrte. Plötzlich zog er den Koloss in eine Rechtskurve und ging so steil nach unten, dass die Passagiere unruhig wurden – bis auf die Mönche und das laotische Paar. „Not go far!" bockte, richtete seine Nase himmelwärts, sackte noch ein Stück durch und setzte sanft auf. Die Rotoren liefen aus, und die Gräser und Büsche rund um „Not go far!" kamen wieder zur Ruhe. Der Pilot entriegelte die Eingangsluke und forderte die Fluggäste mit einer unmiß-verständlichen Geste auf, den Flieger zu verlassen.

Dass es nichts zu sehen gab draußen: das zu behaupten wäre nicht richtig gewesen. Die Berghänge rund um den Talkessel, in dem sie gelandet waren, hätten kaum grandioser sein können. In einiger Entfernung duckten sich ein paar Hütten unter der Sonne, öd und malerisch zugleich. Und auf der Ladefläche eines buntbemalten LKWs, in dessen Schatten fünf Männer hockten, thronte, festgezurrt, ein prächtiger

Wasserbüffel. Der Inbegriff von Kraft und stoischer Ruhe.

„I wonder what the hell we're going to do in this bloody fucking place!" spuckte einer der Amerikaner.

Auf eine Antwort brauchte er nicht lange zu warten. Der Pilot öffnete die Heckklappe des Fliegers, der LKW setzte rückwärts an ihn heran, und nach ein paar aufmunternden Stockhieben trottete der Büffel in den Flieger. Man hörte ein paar Flüche von drinnen, Keuchen, metallische Schläge und einen Schmerzensschrei. Dann fiel die Heckklappe in die Verriegelung, und die Passagiere konnten wieder einsteigen. Zuerst die Mönche, dann das Pärchen, die beiden Sprengmeister und zuletzt ...

„No", sagte der Pilot, zu den Amerikanern. „Not fly this time. Fly buffalo first!"

Die Entrüstung, die Empörung der Amerikaner zu beschreiben ist unnötig. Jeder an ihrer Stelle hätte genauso geschrien, geflucht und geschwiegen. Die fucking Schlitzaugen: was sie sich einbildeten!? tobten sie. Was der Büffel im Flieger zu suchen hätte, und wer überhaupt diesen ganzen bullshit verstehen sollte. Das freundliche Lächeln derer, die bereits im Flugzeug saßen, wirkte keineswegs beruhigend, sondern ungemein provozierend – obwohl es aus wirklichem Mitgefühl und Verlegenheit kam. Doch welche triftigen, völlig überflüssigen Argumente die Amerikaner auch vorbrachten: sie hatten keine Chance gegen den Büffel, der, hätte er gewusst, was auf ihn zukam, seinen Platz gerne geräumt hätte.

Als den Amerikanern schließlich die Luft ausgegangen war, teilte der männliche Teil des Pärchens ihnen mit -in sauberem Oxford-Englisch-, es täte ihm und seiner Frau leid, dass sie den amerikanischen Freunden ein paar Unannehmlichkeiten machen müssten. Aber der Büffel müsse aufs Feuer, wenn er heute noch schmecken solle. Im übrigen werde der Pilot sie in etwa zwei Stunden hier wieder abholen und nach Sam Neua fliegen. Und seine Frau und er selbst würden sich sehr freuen, wenn sie die Genossen Amerikaner heute abend zu ihrer Hochzeit begrüßen dürften.

Aufbruch in eine andere Zeit

*E*in paar Dutzend Kilometer östlich von Sam Neua, nicht weit entfernt von der vietnamesischen Grenze, ragen scharfkantige Kalkberge steil und schroff aus dem hügeligen Land. Dort hatte ich eine Begegnung mit Menschen, die ich nie gesehen habe, und die nie ein Wort mit mir gesprochen haben. Sie war aber so intensiv, dass ich diese Menschen heute noch vor mir sehe und ihre Stimmen zu hören glaube.

Ob ich die Berghöhlen der Vietcong sehen wolle, hatte mich ein unternehmungslustiger deutscher Arzt gefragt, der für ein Landminen-Programm im Nordosten von Laos arbeitete. Das Land ist auf lange Zeit verseucht von unzähligen scharfen ‚bombies‘ und anderen ‚explosives‘, die die US-Luftwaffe während des Vietnam-Krieges auf den Ho-Chi-Minh-Pfad und seine Umgebung geschüttet hat. Und in den Berghöhlen hatten die Menschen Schutz vor den Luftangriffen gesucht.

Natürlich wollte ich sie sehen. Außerhalb Sam Neuas wurde die anfangs asphaltierte Straße bald zur Piste und immer schmaler.

Schließlich mussten wir den Landrover, der sich verbissen durch immer dichteres Gestrüpp gearbeitet hatte, mehrere hundert Meter vor einem der Berge stehen lassen und zu Fuß weiter. Die Luft schien zu brennen, wir hatten nicht viel Trinkwasser mitgenommen. Dorniges Unterholz ritzte unsere Arme auf. Aber wir erreichten den Berg.

„Da oben!“, stieß der Arzt atemlos hervor, sein Hemd war klatschnaß. Da oben, in etwa 10 m Höhe, entdeckte ich zwei Öffnungen in der Steinwand, die nicht auf natürliche Weise entstanden sein konnten. Direkt unterhalb konnten wir durch einen Felsspalt in den Berg gelangen. Und was dann zu sehen war, hätte ich nie erwartet.

In der riesigen Höhle schien eine komplette kleine Stadt existiert zu haben. „Wohnräume", sagte der Arzt und zeigte auf eine Flucht von Kammern, die aus dem Stein gehauen waren. „Krankenhaus"! Ein großer Hohlraum im Fels, auf dessen Boden dutzende zerbrochene Ampullen herumlagen. „Prothesen". Tatsächlich: da lagen primitive, aber funktionstüchtige Prothesen in einer Ecke. „Theater": eine Bühne aus Stein. „Schule".

Wie haben die Menschen hier gelebt?

Ich versuchte mir das vorzustellen und sah in höchster Not schreiende Männer und Frauen durch den schmalen Felsspalt in das Höhlensystem eindringen, auf der Flucht vor dem Feuer der Flugzeuge. Ich sah Kinder in Reihen auf dem Boden des Schulraumes hocken und Frauen, die Kinder zur Welt brachten. Ich hörte das Lachen der Menschen im Theatersaal und dann wieder die Explosionen der Bomben. Und als ich um mich blickte, war alles wieder still und menschenleer. Durch die Löcher, die wir von außen als Fenster erkannt hatten, war nichts als ein blauer Himmel zu sehen. Und als wir wortlos die Höhlen verlassen hatten und zurück zum Auto stolperten und ich mich noch einmal umdrehte zu den Fenstern, konnte ich auch von weitem durch sie hineinschauen in den Berg und sah alles erneut vor mir. Ob Menschen, die hier gelebt haben, heute noch leben?

Glücklicherweise hatten wir im Auto noch ein paar Flaschen Wasser. Und sogar einen Schokoriegel, der fast flüssig war, aber noch schmeckte.

Vientiane, die Hauptstadt der Laoten am Mekong, döste noch um die Jahrtausendwende in dörflicher Verschlafenheit. Doch als eines Tages Trupps von vietnamesischen Arbeitern mit schwarzen Kopftüchern und geschärften Beilen anrückten und die mächtigen Bäume an der Hauptstraße abhackten, begann eine neue Zeit. Die Kühe auf den wenigen Kreuzungen ließen sich nicht aufscheuchen; sie kauten weiter wieder. Und die zahllosen Fahrradfahrerinnen glitten auch weiterhin wie

Scherenschnitte durch das Städtchen. Am Naam Phou, dem Brunnen in der Mitte Vientianes, hockten auch am Abend nach dem radikalen Geholze die Entwicklungshelfer und die Handvoll Rucksacktouristen und tranken ihr Faßbier. Doch von nun an spießten sich die zerrupften Baumstümpfe Tag für die Tag symbolhaft in die Vergangenheit.

Der von den Vietnamesen mehr oder weniger fachgerecht erledigte Auftrag war das Stadtgespräch. Auch in meinem kleinen guest house, das 60 oder 70 Meter entfernt von der Straße in einem Gewirr von Hütten und Häusern direkt neben einem Tempel lag. Obwohl von dort keiner der häßlichen Baumstümpfe zu sehen war, und obwohl man auch nicht behaupten konnte, dass die fehlenden weitausgestreckten Baumkronen aufgefallen wären, war der Verlust zu spüren. Es drängte sich der Eindruck auf, dass alle Menschen trauerten. Niemand hätte handfeste Indizien dafür benennen können, doch es war so. Die Telefongespräche, die in der winzigen Rezeption geführt wurden, schienen leiser stattzufinden. Die Tür zur Kuche, die bis zu diesem Tag keine ihrer Aufs und Zus ohne Klapp oder Schlag ausgeführt hatte, nahm plötzlich Rücksicht. Der Blumenschmuck und das Reisopfer vor dem Hausaltar waren frisch. Selbst die Hunde, die Tag und Nacht vor dem Hauseingang geduldig auf Fraß hofften, schienen noch demütiger als üblich.

Zu den Besonderheiten des Hotelchens gehörte eine großzügige Veranda im ersten Stock, die von unten, aus dem Hof, kaum auszumachen war. Auch innerhalb des Gebäudes versteckte sie sich schamhaft am Ende eines sehr schmalen Gangs. Doch wer sie einmal entdeckt hatte, nutzte sie gerne zum Sitzen, zum Zeitunglesen, zur Ruhe. Ihrer Abgeschiedenheit zum Trotz schien das stille, aufmerksame Personal des Hauses sie aber stets im Auge zu haben, denn immer, wenn man etwas brauchte, war jemand zur Stelle. Auch abends, wenn ich oft ganz allein dort oben saß und in den Himmel oder auf das Gelände des Tempels nebenan blickte. Dann näherte sich irgendwann irgendjemand aus dem Familienpersonal und brachte, noch nicht geöffnet, aber eisgekühlt eine Flasche Bier und schaute mich fragend an, einen Flaschenöffner schon in der Hand. Das waren romantische Stunden, in denen ich das Privileg genoß, an dieser Stelle der Welt sein zu dürfen. Auf den Ohren Kopfhörer, die mich mit betörenden Klängen von Jan Garbarek beträufelten und jede Blüte im Hof, jede Dachschindel des Tempels zu etwas Besonderem machte.

Am Abend der Fällaktion war auf dem Gelände des Tempels mehr Bewegung als sonst. Kaum ein Laut klang zu mir herauf, wenn die Mönche, die sich aus irgendeinem Grund hier versammelt hatten, durch die helle Nacht huschten. Ich bekam nicht heraus, warum sie gekommen waren. Doch angesichts ihres ungewöhnlich geschäftigen Hin und Hers, lautlos!, geriet ich unbeabsichtigt in eine Art Meditation über die Bewegungen der Asiaten.

Es war mir schon so oft aufgefallen, wie „unwichtig" sie sich verhielten, wie sie sich zurücknahmen als Person und stets alle Aufmerksamkeit auf den anderen zu lenken schienen. Und dennoch war es nie ein devotes Auftreten. Oft wusste ich nicht zu reagieren, wenn mir jemand auf diese Weise begegnete; es dauerte lange, bis ich lernte wie angenehm es ist sich genauso zu benehmen. Die Würde, die man seinem Gegenüber so entgegenbringt, empfindet man auch für sich selbst.

Auch für das Gelingen einer Reise ist eine gesunde „Beziehungswelt" unerläßliche Voraussetzung. Man kann nicht auf Reisen gehen, wenn die Gedanken zu Hause bleiben. Wenn es einen Streit gegeben hat mit seinen Liebsten, der nicht beendet worden ist. Unausgeräumte Spannungen überschatten dann das Reisen und versperren den Zugang zu Neuem. Fragen, die nicht gestellt und vor der Abreise nicht mehr beantwortet worden sind, werden zur Qual. Das Grübeln darüber, ob man sich (wahrscheinlich ja!) falsch verhalten hat. Die Sehnsucht nach dem „sich vertragen", die nicht mehr gestillt werden kann.

Auf ungestörte Entdeckung gehen kann nur jemand, der seelisch gestärkt und mit Rückendeckung aufbricht. Der keine Fragen zurückläßt, sondern der im Gedanken an den Abschied glücklich ist. Der weiß, dass ihn die anderen in ihren Gedanken begleiten, und dass sie sich auf seine Rückkehr freuen.

In meiner Familie ist es Tradition, sich gegenseitig „Reisebriefe" mit auf den Weg zu geben, die Verbundenheit ausdrücken und Kraft geben. Sie werden erst unterwegs geöffnet und gelesen, wenn man bereits weit entfernt ist von zu Hause und zum erstenmal eine kleine Aufmunterung braucht.

Ein Adler
(Thailand)

„Vielleicht führt die Straße direkt in den Himmel", sagt der Fahrer.

Seit einer halben Stunde schaltet er immer wieder hoch und gibt Gas. Aber der Motor greift nicht richtig. Zu steil zieht sich der Asphalt hinauf, und spätestens in der nächsten Haarnadelkurve muss man zurückschalten in den ersten Gang.

Der Fahrtwind, der durchs Fenster dringt und über Arm, Schulter und Gesicht streift, ist heiß, trotz der Höhe. Er riecht nach Sonne und nach Blättern. Nach Erde und Stein. Nach Feuchtigkeit. Manchmal erhebt sich, in wenigen Sekunden, das sägende Zirpen unzähliger Grillen, betäubt die Ohren und bricht hinter dem Jeep sofort wieder ab ...

Der Fahrer ist über fünfzig. Die Frau neben ihm zwanzig. Sie sprechen nicht miteinander. Er fährt. Schaltet, bremst, lenkt. Das Fahren und das Land: er nimmt es in sich auf wie einen Traum. Die Sonne und die Wärme, den Wind, die Blätter und die Lianen, die Felswand unmittelbar neben der Straße, die Grillen, den Geruch von Reife und von Fäulnis. In vollen Zügen tut er das, und es macht ihn glücklich.

Rechts der Berg.

Und auf der linken Seite, tief unten, das Tal.

Im milchigen Dunst die blaßgrünen Reisfelder. Hineingesprenkelt hier und da, winzig, die Pünktchen der blattgedeckten Schutzdächer einfacher Bambusunterstände, die Zuflucht vor der Sonne bieten. Menschen sind nicht zu sehen; nur die runden Leiber zweier Wasserbüffel, die selbst aus dieser Höhe massiv wirken. „Thai Landscape with Buffalos“. Eine Postkartenidylle.

„Guck‘ mal da runter!“, sagt der Fahrer.

Aber er weiß, dass die Idylle trügt. Das Leben hier ist ganz und gar nicht paradiesisch, wenn der Feldboden die Beine schwer und rissig macht, wenn die verdorrten Stoppeln der Reispflanzen in die Fußsohlen stechen, die Wasserbüffel störrisch sind und die Hitze gnadenlos.

Doch die junge Frau guckt nicht hinunter ins Tal. Sie guckt nicht, und sie antwortet nicht.

„In den Felswänden soll es Adler geben“, sagt der Fahrer, schaltet zurück in den ersten Gang und gibt Gas. Er jagt den Motor wieder hoch, treibt ihn fast zum Äußersten, so dass es kaum noch anzuhören ist und der Ruck in den zweiten Gang wie eine Erlösung kommt. Ein-, zweihundert Meter schnurrt der Jeep die Straße hinauf, bis er von neuem müde wird.

„Haben wir noch Wasser?“

Jetzt rührt sich die Frau, beugt den Kopf nach unten und tastet mit der Hand nach der Plastikflasche. Sie schraubt den Verschluß ab und reicht sie, ohne ein Wort, hinüber. Das Wasser ist längst warm, aber es schmeckt noch nicht faul.

„Danke“, sagt der Fahrer. Und dann, als er ihr die Flasche zurückreicht, noch vor der Kurve, und, unruhig geworden, ihre Augen sucht, da sieht er die Spur von Tränen auf ihrem Gesicht. Die Frau wischt mit der Hand darüber. Doch jetzt, da sie sich entdeckt sieht, kann sie sich nicht mehr zurückhalten und schluchzt laut auf.

„Was ist?“ fragt der Fahrer tief erschrocken und faßt ihr, hilflos, mit der linken Hand in den Nacken, streicht ihr über die Haut und erreicht doch nur, dass sie anfängt hemmungslos zu weinen. Wie eine Trennung schmerzt es ihn, als er, für die Kurve, beide Hände zum Steuern braucht. Und sie sich sofort ganz abwendet von ihm und, das Gesicht ans Seitenfenster gepreßt, weint, weint.

Was hab‘ ich angerichtet? schießt es ihm durch den Kopf. Aber er bringt keine Ordnung in die Frage, und schon gar nicht in eine Antwort. Auf seinem Gesicht der Schweiß ist kalt geworden. Er starrt vor sich auf den Asphalt, schaltet und gibt Gas und fürchtet, dass sein Wunsch zerbrochen ist.

Vor kaum zwei Wochen waren sie in Bangkok angekommen. Und vom Hotel in einer Seitenstraße sofort aufgebrochen ins Stadtzentrum. Die junge Frau musste sich an den Verkehr gewöhnen, der hier nicht nur viel stärker ist, sondern auf der linken Seite strömt.

Er hatte keinerlei Schwierigkeiten damit. Im Gegenteil: er genoß das Chaos aus Menschen, aus Motorrollern und Autos, Gerüchen, Dämpfen, Lärm und Licht. Das Licht: das nahm ihn gefangen und befreite ihn zugleich. Und bald leuchtete es auch aus seinen Augen.

Aber sie: sie musste sich orientieren. Die größte Hitze des Tages war zwar schon vorüber, trotzdem war sie innerhalb weniger Minuten naßgeschwitzt. „Geh langsamer!“, sagte er. Von allen Seiten streckten sich ihr Hände entgegen, bedrängten sie mit Blumen, Schmuck und Kleidungsstücken, zerrten an ihr. „Daran musst du dich gewöhnen“, sagte er, als sie müde wurde. In einer Markthalle nahm ihr der scharf beißende Geruch von Trockenfisch fast den Atem. „Ich mag‘ ihn auch nicht. Aber ist es nicht faszinierend, wie sie ihn konservieren?“, sagte er.

Als er bemerkte, dass sie müde war, hielt er ein TukTuk an. Doch der Fahrpreis war ihm zu hoch. Er wandte sich lächelnd ab; sie begriff nicht, warum. Dann stoppte er ein anderes.

Die Fahrt zu dem berühmten Hotel am Fluß war atemberaubend. Das TukTuk schoß wie eine Rakete durch die Rush Hour, jagte zwischen Autoschlangen hindurch und durchstieß grauschwärzliche Abgasschwaden. Er, erfahren in dieser Art Fortbewegung, lachte sie an; sie wusste nicht so recht, wie sie sich festhalten sollte auf der kleinen Sitzbank und war froh, als sie endlich am Ziel waren.

Dann saßen sie auf der Terrasse am Fluß. Kaum einen Steinwurf entfernt von dem eigentlichen, dem ursprünglichen

Flügel des Hauses, in dem Joseph Conrad über den Mythos des Ostens geschrieben und der kranke Somerset Maugham durch die dünnen Zimmerwände bereits das Todesurteil des Arztes gehört hatte (er wurde trotzdem gesund!). Dieser Teil des Hauses war kaum noch zu erkennen zwischen den hochgeschossenen „Anbauten" mit ihren Suiten, Cocktail-Lounges und Sky-Restaurants, dem Pool, dem Bier- und Grillgarten inmitten künstlich angelegter tropischer Flora. Lastkähne mit üppigen Bäuchen aus schweren Hölzern trieben den Fluß hinab zum Golf. Flußtaxis knatterten und dröhnten vorbei, unermüdlich dirigiert von den durchdringenden Tönen der Trillerpfeifen. Wie in einem Film. Weit entfernt jedenfalls, schien es, von der Insel des Luxus, auf der die beiden saßen vor einem grünen und einem roten Cocktail mit Kirsche.

Zwei Tage blieben sie in der Stadt. Doch auf die Insel kamen sie nicht noch einmal. Sie sahen den Jade-Buddha und Gott Brahma. Sie rochen Räucherstäbchen, Curries, Abwässer. Die Menschen, die Autos, das Gold der Stupas und der bunte Lack der Dächer, der Lärm, die muffige Schwüle des Zimmers wirbelten durcheinander und nahmen ihr nachts die Ruhe. Matt war sie beim Frühstück, wenn er die Straßenkarte studierte. Und langsam, wenn sie die Tasche für neue Ausflüge packte.

Zwei Tage. Dann fuhr ihr Zug. Sie mussten weit den Bahnsteig hinaufgehen bis zu ihrem Waggon. Aber obwohl die Sonne schon fast untergegangen war, schaffte sie das nicht mehr. Musste sich ausruhen auf einer Bank, so dass er ungeduldig wurde. Sie war erst 20, und die schweren Gepäckstücke hatte er getragen!

„Mein Kreislauf", sagte sie.

Er begann sich zu sorgen, beruhigte sich aber, als sie auf ihren Plätzen saßen und der Zug zu rollen begann.

Die Stadt ist riesig. Das Gleis hinaus verläuft fast schnurgerade nach Norden, Ta-ták, ta-ták, Kilometer um Kilometer durch aschgraue Slums. Müllberge neben Papp- und Wellblechhütten, Kinder in zerfetzten T-shirts, Autofriedhöfe,

Abwasserkanäle. Durch die Fenster dringt der Qualm offener Feuer. Ta-ták, ta-ták. Dann wird es dunkel. Frauen mit Eimern kommen vorbei, den Gang hinauf und hinab, mit Bier, Cola, Wasserflaschen zwischen Eiswürfeln. Der Schaffner nimmt Bestellungen für das Abendessen auf. Sie hockt auf ihrem Sitz, die Beine angewinkelt. „Geht's Dir besser?"

Nach dem Abendessen, nach ein paar Flaschen Bier – „dann kannst Du gut schlafen!" – liegt sie unten, er im oberen Bett. Die Nachtlichter schimmern. Die Luftströme der Ventilatoren wischen durch den Waggon. Der Zug ist schneller geworden. Ta-ta-ták, ta-ta-ták. Hinter dem vergitterten Fenster der Himmel, die Sterne, der hohle, metallene Klang, wenn er über eine Brücke rollt, und manchmal der Rauch von Holzfeuern. Einmal hält der Zug. Aber niemand steigt aus oder ein; nur Stimmen sind zu hören. Dann geht's weiter. Er muss an andere Fahrten mit der Eisenbahn denken, ein paar hundert Kilometer weiter westlich oder südlich. An die überfüllten Waggons der dritten Klasse. An die Frauen und Kinder, die mitten in der Nacht auf irgendeinem kleinen Bahnhof den Zug eroberten, Wolken von Gerüchen hereinschleppten und verkauften, was sie geerntet, geschält, gekocht, gebraten, gebacken hatten. Manche fuhren mit bis zur nächsten Station. Durchstreiften, gründlich wie bei einer Untersuchung, vor allem die Wagen der 1. Klasse, in denen die Ausländer schliefen; zogen die Vorhänge vor den Liegen zurück und hielten den Fremden unter die Nase, was zu kauen oder zu schlucken war, kicherten, schrien, schwätzten und schienen nicht böse zu sein, wenn sie nichts verkaufen konnten.

„Dietrich!"

Sie amüsierten sich über seinen Namen, nach dem sie gefragt hatten, und mit dem sie gar nichts anfangen konnten. Aber der Name war nicht wichtig. Die Aufmerksamkeit füreinander: darauf kam es an.

„Diiiie-trich!!!"

Er erschrak zutiefst.

„Ja?"

„Komm mal!"

„Warum?" Er war schon fast eingeschlafen.

„Komm' mal runter!"

Ihre Stimme klang verändert, ängstlich. Sie saß auf ihrer Liege, aufrecht, die Knie angezogen, die Decke am Fußende, auf der Stirn Schweiß.

„Kannst Du mal fühlen? Ich glaub', ich hab' Fieber!"

Er kletterte hinunter und legte die Hand auf ihre Stirn; sein Herz schlug heftig.

„Ja, das ist ziemlich heiß."

Weil er nicht wusste, was er tun sollte, breitete er die Decke über sie aus.

„Die Malaria-Tabletten hast Du doch genommen?"

„Ja."

Jämmerlich schaute sie ihn an, fragend, bittend, hilflos. Und er, er hatte ein Gefühl wie nie vorher in seinem Leben.

„Ich hole Wasser", sagte er, „und dann reden wir miteinander."

„Ich kann nichts trinken", sagte sie. Aber sie tat es doch. Und begann zu erzählen, dass sie so viele Bilder im Kopf habe. Bilder, die sie nicht ordnen und zueinander bringen konnte. Die sich gegenseitig jagten und voreinander versteckten und sie schwindelig machten. Der TukTuk-Fahrer, der sie vor der Abreise atemberaubend schnell zum Hotel gefahren hatte: „Da habe ich ans Sterben gedacht."

Sie saßen da und sprachen und schwiegen. Der Zug fuhr gleichmäßig. Es schien ein bisschen kühler geworden zu sein. Das fand sie auch, und darüber war er so froh, so froh.

„Trink!"

Nein, sie trank nicht mehr. Aber sie schien wieder lächeln zu können.

„Hast Du ein Taschentuch?"

Er sucht.

„Nur eines aus Stoff, und das ist gebraucht."

„Ist egal."

Sie trocknet ihr Gesicht, tupft sorgfältig hier und da, biegt den Innenspiegel zu sich herüber und muss über sich lachen, so, wie sie aussieht, lacht, dass die Tränen wiederkommen.

„Geht gleich vorbei."

Sie dreht die Fensterscheibe hinunter und hält ihr Gesicht in die Sonne.

Da entdeckt sie ihn. Fast auf gleicher Höhe wie ihr Auto, schwebt er, gleich schnell, scheint es, parallel zur Straße über dem Abgrund. Dann steigt er steil empor und zieht einen weiten Kreis hinüber auf die andere Seite der Schlucht, die Flügel weit auseinandergebreitet.

„Gibt es hier wirklich Adler?" fragt sie.

„Bestimmt", antwortet er. „Das sind doch ideale Voraussetzungen hier. Überall schroffe Felswände, wo niemand hinkommt, und unten, im Tal, in den Feldern, jede Menge Mäuse und Schlangen und andere Kleintiere."

Sie schaut dem Vogel lange hinterher. Seine Konturen werden immer blasser im Sonnendunst. Dann knickt die Straße scharf nach rechts ab, und dichter Wald trennt die beiden endgültig.

Als sie aufwachten, rollten sie schon hinab in die weite Ebene. Es war noch dunkel, und es war kalt. Der Schaffner kam und sammelte die Decken ein. Bis zum Ziel waren es noch zwei Stunden. Er zog sich einen Pullover über und redete sehnsüchtig den Sonnenaufgang herbei. „Da über den Hügeln siehst du schon den rosa Streifen; gleich ist sie da!" versprach er, aber Sonne und Wärme ließen auf sich warten.

„So kalt war es um diese Zeit seit Jahren nicht mehr", bestätigte K., ihr Gastgeber, der sie vom Bahnhof abholte. Aus den Feldern und Wiesen stiegen dichte Nebelschwaden, als die Sonne endlich da war und das Land aufheizte.

„Um 7.00 Uhr heute morgen nur 12 Grad, das ist sehr ungewöhnlich. Wenn Sie wollen, macht Ihnen Sri zum Frühstück eine heiße Reissuppe mit Schweinemett, Pfeffer, Ingwer und

Grünzeug."

Sri war K.'s 3. Frau. Seit einem Jahr lebten sie zusammen in dem Paradies aus Häusern und Garten, das er sich angelegt hatte. „Ich hab' sie vom Markt geholt. Sie hatte einen eigenen Stand."

Und die Häuser, die auf Pfählen ruhten und untereinander durch Terrassen und Laufstege verbunden waren, hatte Doklak gebaut, ein junger Baumeister, einer der wenigen im Land, die den traditionellen Stil noch beherrschen. Nicht einen Nagel hatte er dabei verwendet, abgesehen von der Führung der elektrischen Leitungen, denn die Häuser hatten allen westlichen Luxus. Hinter dem Küchentrakt war eine Batterie Solarzellen montiert. Und das Bad im Haupthaus besaß eine Badewanne. Wenn man das Fenster öffnete, konnte man in der Wanne liegend hinter den Wäldern die Sonne untergehen sehen...

Sie freute sich vor allem über die Tiere. Ein massiger Bobtail war mit herübergekommen aus Deutschland und hier alt und taub geworden. Greiser König der Gänse, Hühner, Katzen, Vögel und der anderen Hunde, die ebenfalls im Paradies lebten. Der einzige, der aus irgendeinem Grunde nicht hier hinein paßte, war Olä, ein kleiner, noch junger Mischling, den Sri mitgebracht hatte. Ein häßliches Tier, das mit sich selbst unzufrieden schien und kein Vergnügen am Spiel hatte, sondern immer auf Streit aus war und zubiß, wenn sich eine Gelegenheit bot. Und ausgerechnet dieser kleine Teufel ...

Er war nicht zu sehen, als sie ein paar Tage später von einem zweitägigen Ausflug zurückkamen. Doch das fiel ihnen gar nicht auf. Sie wunderten sich nur über K., der merkwürdig aufgekratzt schien und nach dem Abendessen, bei dem Sri kein Wort gesagt und danach auch sofort verschwunden war, laute Musik spielte und viel und laut redete. Und schnell und ungewöhnlich viel Mekong trank.

Eine halbe Stunde vor Mitternacht, es war immer noch fast 30 Grad Celsius, sie lagen in dem riesigen Bett unter dem Moskitonetz und versuchten einzuschlafen, ein Schrei! K.

schreit. Schreit „Doklak!" Und noch einmal „Doklak!" und irgendetwas, das sie nicht verstehen.

Fast unmittelbar darauf kommt jemand herübergelaufen, direkt durch die Büsche, scheint es, springt die Holzstufen vor ihrem Zimmer herauf auf die Terrasse und hetzt den Steg entlang hinüber zum Haupthaus, von wo laute, aufgeregte Stimmen zu hören sind - bevor es ganz still wird.

Die beiden saßen mit klopfenden Herzen in ihrem Bett. Das große Fenster war weit geöffnet. Aber zu hören war nichts. Kein Tier, kein Mensch. Schließlich entriegelte er leise die Zimmertür und versuchte irgendetwas zu erkennen draußen in der Dunkelheit. Nur ein schwaches Licht drüben im Haupthaus.

Eine halbe Stunde später kam K. herüber und sagte: „Sie ist mit dem Messer auf mich losgegangen." – „Wer?" – „Sri." --- „Warum?" – „Ich weiß es nicht. Sie wollte mich umbringen. Genau wie Olä. Den hat sie gestern morgen getötet. Langsam und so grausam, dass man es nicht erzählen kann."

Aus dem Wald heraus führt die Straße direkt auf den Gipfel.

„Willst du Musik machen?" fragt er.

„Noch nicht", sagt sie. Riesige Blätter klatschen an die Windschutzscheibe. Dann, ganz plötzlich, sind sie auf dem Kamm. Und aus der Steigung wird Gefälle. 16 %! Use low gear!, warnen grellgelbe Schilder auf beiden Straßenseiten. Im zweiten Gang beginnen sie den Abstieg ins Tal.

„Was war denn?" fragt er sie nach einer Weile, als er glaubt, dass sie sich beruhigt hat.

Rechts- und Linkskurven wechseln einander ab, dass das Umgreifen am Lenkrad beinahe in einen Rhythmus gerät und er in diesem kleinen Rausch geduldig auf eine Antwort warten kann. Er weiß, dass sie etwas sagen wird.

„Ich habe, glaube ich, noch nie einen Adler gesehen", sagt sie. „Du?"

„Ich kann mich nicht erinnern. In der Schweiz vielleicht, in den Sommerferien mit meinem Vater."

Sie guckt ihn überrascht an.

„Bist du auch mit deinem Vater gereist?"

„Nein, nicht allein. Meine Schwestern waren auch mit. Wir hatten ein Chalet gemietet. Es waren ganz normale Sommerferien. Aber es war auch schön."

„Nicht so wie hier?"

„Anders."

„Hier ist es wunderbar."

Jetzt ist er überrascht.

Sie wendet sich ab von ihm, schaut hinaus, und, ohne sie zu sehen, spürt er, dass ihre Tränen wiederkommen.

„Aber du hast doch irgendetwas!?"

Für ein paar Sekunden legt er seine Hand auf ihre Schultern und spürt, wie sie zucken.

„Ich muss so viel nachdenken, seit wir hier sind."

„Und worüber?"

„Über meine Zukunft."

„Aber du weißt doch, was Du machen willst."

„Und über ihn. Ob ich ihn mal anrufen soll."

Darüber hatte sie schon öfter nachgedacht.

„Sehnst du dich nach ihm?"

Sie nickt mit dem Kopf. „Er war so komisch, als wir uns verabschiedet haben. Ich glaube, er war gar nicht richtig traurig."

Er denkt nach. Und erzählt ihr, dass er nie bei seiner Liebsten angerufen hat.

„Wollte Mama das denn auch so?"

„Ich glaube ja. Was willst du auch sagen in den wenigen Minuten? Stell' dir vor, du erfährst irgendetwas Unerfreuliches - das kannst du doch gar nicht besprechen in der kurzen Zeit. Und dann musst du den Hörer auflegen und bist wieder ganz allein, viele tausend Kilometer weit entfernt."

„Und sie hat nie gewusst, wie es dir geht!?"

„Doch! ‚Wenn ich mich nicht melde', hatte ich ihr gesagt,

‚geht's mir gut.' "

Sie haben das Tal erreicht und fahren an einem Fluss entlang. Unter einem Baum, dem einzigen weit und breit, drängen sich Rinder.

„Bist du unsicher, ob er dich liebhat?"

„Ich denke immer, ob er sich vielleicht doch eine andere sucht."

„Dann wäre er dumm!"

„Wieso?" fragt sie.

Er ahnt, wie wichtig seine Antwort darauf sein wird.

„Weil er eine Frau wie dich so schnell nicht wiederfindet."

Dass er das seiner eigenen Tochter einmal sagen würde, hätte er nie für möglich gehalten. Es scheint ihm wie eine Liebeserklärung, für die er sich nicht schämt. Sie macht das Land noch schöner und die Wärme noch wärmer.

„Fahr' nicht so schnell!", sagt sie nach einer Weile. Sie hat den Rucksack geöffnet und kramt nach einer Musikkassette.

„Mach' nochmal ‚Karl, den Käfer'", bittet er. Die Geschichte von dem Käfer, der nicht gefragt wurde, sondern einfach fortgejagt von Umweltsündern. Eine Schnulze, kitschig und herzzerreißend schön. Sie hören sie zum x-ten mal, aber so laut wie noch nie, und sie singen beide mit.

Reisen? Wohin?

Wohin soll man reisen, will man reisen?

„Nur gar zu leicht übersieht man Dinge, die uns gleichsam vor der Thür sind, vornehmlich wenn man ‚auf Entdeckungen ausgeht,' die gemeiniglich in eben dem Maaße für wichtiger gehalten werden als sie weit entfernte Länder betreffen."
(Georg Forster: Reise um die Welt)

Georg Forster hat als Naturwissenschaftler an der zweiten Weltumseglung von James Cook teilgenommen. Er weiß, wovon er redet. Aus der Ferne, so seine nur scheinbar widersprüchliche Erkenntnis, nimmt man seine gewohnte Umgebung genauer wahr; aus der Distanz sieht man oft, was man aus der Nähe übersieht. Plötzlich erkennt man die Bedeutung des Selbstverständlichen, des Gewohnten. Man sieht seine Schönheit, spürt seine Werte. In der exotischen Ferne kann man durchaus entdecken, was man von zu Hause längst kennen könnte.

Auch die Generation meiner Eltern hat immer wieder gefragt: Warum reist du so weit weg? Deutschland ist doch ein wunderschönes Land!

Natürlich ist Deutschland ein wunderschönes Land, in dem es unendlich viel zu entdecken und zu erfahren gibt. Aber das heißt ja nicht, dass nicht auch weit entfernte Länder ein lohnendes Reiseziel sind.

Die Idee, in ein bestimmtes Land, in eine konkrete Region zu reisen entsteht oft im Unterbewußtsein. Da ist ein Gefühl, dass man irgendwohin möchte. Oder irgendein Anlaß, eine Bemerkung, ein Foto, das man bewußt gar nicht wahrgenommen hat. Wenn man die Ursachen für dieses Gefühl erforschen kann, schadet es nicht. Andererseits: muss man immer begründen, warum man an ein bestimmtes Ziel möchte?

Die eigentliche Frage ist eher: Was löse ich aus, wenn ich in das Land X reise?

Ein Angebot
(Kambodscha)

Das Abendessen kostet 4000 Riel. Ein Euro! Der chinesische Tee, der dazu serviert wird, ist kostenlos. Eine Kanne nach der anderen stellt die Besitzerin des kleinen Restaurants auf den Tisch. Wie sie das schafft bei den geringen Preisen, ist ein Rätsel.

"Ohne was zu verdienen würde sie es aber nicht machen!", vermutet Wolfgang. „Habt ihr sowas schon mal gesehen?"

Er hält seine Gabel hoch und grinst.

„Geklebt!"

Der Griff der Gabel, ein einfaches Modell aus Weißblech, ist mit Pflaster umwickelt.

„Sehr hygienisch ist das ja nicht gerade."

Wolfgang ist mit ein paar Freunden nach Kambodscha gereist, um die Tempel von Angkor zu besichtigen. Ein Weltkulturerbe in einem Land zerstört von Kriegen und Spekulanten.

"Wenn man bedenkt, dass diese Stadt vor über 1000 Jahren gebaut worden ist und später jahrhundertelang vom Urwald verschluckt war - und heute ist es der bedeutendste Einkommensfaktor des ganzen Landes ... verrückt!"

"Eine Million Menschen sollen damals hier gelebt haben."

"Mit drei Reisernten im Jahr."

"Weil sie riesige Wasserbecken angelegt hatten!"

Ein Ratte huscht vorbei und verschwindet in der Küche.

„Wie heißt eigentlich der Tempel, den wir heute zuletzt

gesehen haben?"

„Wo wir die Figuren gekauft haben? Bantey Samre."

"Mir tut der kleine Kerl ja immer noch leid. Wie er auf Dich zugerannt ist, Rosemarie, hab' ich gedacht, er wollte dich aufspießen!"

Bantey Samre: Eine Legende erzählt, dass dieser Tempel seinen Namen von einem Gärtner aus dem Volk der Samre hat. Der Gärtner baute so herrlich süße Gurken an, dass sein König alle Früchte für sich beanspruchte und den Gärtner anwies, jeden zu töten, der das Gurkenfeld betrat. Die Früchte waren aber so überaus köstlich, dass der König in seinem Verlangen danach seinen eigenen Befehl vergaß, sich in der Nacht aufs Feld schlich und dort ein Opfer seines treuen und wachsamen Gärtners wurde. Und weil der König keine Nach-kommen hatte, übernahm der Gärtner das Amt.

Der Tempel von Bantey Samre liegt nicht an der asphal-tierten Straße der ganz großen Sehenswürdigkeiten. Und er scheint vollkommen verlassen, als sich der Kleinbus um die Mittagszeit nähert. Vorsichtig rollt er um Schlaglöcher herum auf das Haupttor zu. Erst als er wenige Meter davor parkt, taucht aus dem Schatten von Büschen und Bäumen plötzlich eine Horde von Kindern auf, und es ist wie immer.

"Hallo, Mister: you buy cold drink?"

"You buy t-shirt? Very cheap!"

"You want fresh coconut?"

Die Kinder drängeln sich um die Touristen, die einer nach dem anderen aus dem Bus steigen und keinen Zweifel daran lassen, dass sie an all den Angeboten kein Interesse haben. Der eine zieht seine Kamera und beschäftigt sich mit den Einstel-lungen. Eine andere bindet sich ein Tuch um den Kopf - die Sonne brennt erbarmungslos. Alle haben sie irgendetwas zu tun, das ihre ungeteilte Aufmerksamkeit fordert. Doch die Kinder sind geduldig.

„Where are you from?"

„You want drink?"

„You want ice cold water?"

„You buy beautiful scarf?

Sie stehen barfuß auf dem heißen, dornig-sandigen Boden und präsentieren ihre Angebote. Tücher, Holzkettchen, Bambusflöten, ein in längst verstaubte, brüchige Folie eingeschweißtes Buch über die Tempel von Angkor. Aber vor allem Tücher aus billiger Seide.

"Beautiful colour. Look!"

Ein etwa 10jähriges Mädchen streckt seinen Arm aus, über den 20 oder 30 Tücher gehängt sind. Rosemarie nimmt einen Zipfel zwischen die Finger und prüft den Stoff. Die kleine Verkäuferin breitet das Tuch sofort aus.

"I give you low prize!"

Die dünne Stimme klingt dringlich, bittend.

Rosemarie schaut hilflos um sich. Tausendmal schon war sie in dieser unangenehmen Situation. Sie zögert, will aber auch nicht unhöflich sein...

"Ob die sich jemals klarmachen, was wir mit tausend Tüchern sollen?", fragt Wolfgang. Seine Nerven sind strapaziert nach Tagen immergleicher Angebote. Kein Tempel, kein Stop, keine Stunde, in der man nicht umringt und bedrängt wird. Aus anfänglicher Neugier ist schnell Desinteresse und inzwischen Abwehr geworden. Selbst beim Abendessen macht ihn der Gedanke an die immer wiederkehrende Situation noch ganz unruhig.

"Klar sind das arme Schweine. Aber deswegen kann ich nicht alles kaufen!"

Er schiebt seinen Teller zur Seite; das gebratene Basilikum mit Hühnchen hat geschmeckt!

"Die tun so, als hätten wir alles Geld der Welt!"

Haben wir ja auch, denken alle, die Kinder vor Augen.

Eine Hand stellt frischen Tee auf den Tisch.

Rosemarie schaut sich also zuerst das Tuch an - und dann besonders freundlich das Mädchen. „I'm sorry. No!"

Die Kleine rafft ihre Tücher zusammen und lacht fröhlich. „May be later, okay?"

„May be later", antwortet Rosemarie widerstrebend und folgt den anderen in den Tempel.

Er ist einer von den kleineren. Aber obwohl die Kammern, Galerien, Treppen und Türme dicht aneinandergedrängt sind, beeindruckt auch er durch seine Proportionen. Keine Mauer ist zu mächtig, keine Treppe zu breit, die Türme nicht maßlos. Die Architekten und Steinmetze hatten einen sicheren Blick für das Ganze. Sie haben ihr Werk behutsam in die Natur gefügt. Haben verbunden und nicht getrennt; 1000 Jahre, herabgestürzte Sandsteinquader und schiefe Pforten können diesen Eindruck nicht zerstören. Moose und Flechten dringen mit großer Langsamkeit in die Steine, färben sie silbriggrau und moorschwarz und verkriechen sich in Ritzen und Spalten, um der brennenden Sonne zu entgehen. Kein Windhauch mischt sich in die schwere Mittagsstille, nichts summt und flattert. Nur die haltsuchenden Schritte der Touristen, das gedämpfte Knirschen und Schaben ihrer vorsichtigen Tritte, ein erschöpfter Atemzug füllen Gänge und Kammern. Vielleicht war die Statue vor vielen hundert Jahren gefärbt oder sogar vergoldet, die heute, kopflos, von einer blaßgelben Schärpe geschmückt ist. Zu ihren Füßen eine tönerne Schale, gefüllt mit Sand; darin, igelgleich, die spitzen, roten Stümpfe heruntergebrannter Räucherstäbchen; davor die auseinandergelaufenen, erstarrten Reste der Opferkerzen.

Die Wirklichkeit ist weit entfernt. Weiß die Luft und voll zarter Klänge, die, entdeckt, sofort stillhalten. Anne fotografiert. Ihre Arme senken sich lautlos. Sie hebt, einen Steinwurf nur entfernt, ihren Rucksack und schiebt sich hinter eine Mauer, weggefiltert. Stimmen können nicht sein.

"Wasser?"

Man muss viel trinken in dieser Welt, damit sie nicht anfängt zu tanzen.

Aber die Stimmen sind doch da. Sie sind da. Sie wispern aus Ecken, huschen und tänzeln Mauern und Firste entlang. Dann sammeln sie sich am Osttor. Und Peter folgt ihnen. Am Ende eines Felsganges, hinter einem Durchbruch, stößt er auf Maja. Sie steht, den Kopf nach vorne gebeugt, und betrachtet etwas in ihrer Hand. Vor ihr hocken drei Männer auf dem Steinboden. Zwischen ihnen, auf einem Treppenabsatz, ist ein Tuch ausgebreitet, winzige Figuren aus Bronze darauf: Elefanten, Buddha-Statuen, Dämonen, siebenköpfige Schlangen, Tempel.

"Die sind hübsch!", sagt sie, als sie aufschaut und Peter bemerkt.

"Und? Was wollen sie dafür haben?"

"3000 Riel. Für eine."

Nicht zu viel, denkt Peter.

"Aber sie wollen nicht handeln."

Maja hält vier der kleinen Figuren in der Hand.

"Ten thousand!" sagt sie schließlich. Zögerlich, als sei das eigentlich schon zuviel. "Ten thousand for all."

Nein! Sie lachen verlegen, die Männer.

10 Figuren für je 2000?

Die Männer bleiben hart. Gucken sich an. Sie scheinen verlegen, unsicher. Dann nimmt einer von ihnen eine Figur nach der anderen und steckt sie behutsam in eine mit Papier gefütterte Schachtel. Es sind kleine Wertstücke.

Wolfgang, der inzwischen auch dazugekommen ist, deutet nach kurzer Stille seine Lieblingsbewegung an und alle wissen, was er meint: "Dann eben nicht!"

Genau in dem Augenblick stürzt ein Junge auf die kleine Gruppe zu, acht, neun Jahre alt vielleicht. Er läuft in Schlangenlinien und hält die rechte Hand vor sich ausgestreckt, als hielte er ein kleines Spielflugzeug darin, das mit seiner Hilfe durch die Luft saust. Ein, zwei Meter vor Rosemarie bremst er abrupt, schaut sie an und stößt die geschlossene Faust immer wieder auf sie zu. Als er Rosemaries Unsicherheit und Befremden wahrnimmt, lächelt er, öffnet langsam seine Hand und zeigt eine weitere Bronzefigur. Rosemarie, erleichtert, nimmt das Figürchen, das der Junge ihr entgegenstreckt, in die Hand, schaut es sich genauer an und reicht es behutsam, aber verblüfft an die anderen weiter. Der Junge steht abwartend, fast scheu da nach seinem heftigen Auftritt. Dann sagt er leise:

"This not for children!"

Nichts für Kinder?

„What's your name?", fragt Wolfgang.

Der kleine Körper richtet sich stolz auf. „Kim!"

Er strahlt Wolfgang an, als habe er das größte Lob aller Zeiten bekommen. Doch Wolfgang interessiert sich im Augenblick eher für das kleine Figürchen, das inzwischen in seinem Handteller trohnt: es ist ein Affe, der auf einem überproportional großen Phallus sitzt wie auf einer mächtigen Rakete.

„So jung und schon so verdorben!"

Aber lachen über seine Bemerkung kann er nicht so richtig. Da ist auf einmal zuviel Respekt vorhanden gegenüber dem kleinen Mann in seiner grauen, fleckigen, ausgefransten Hose, der barfuß auf einer rissigen Steinplatte steht. Trotzdem: übers Ohr hauen lassen will sich Wolfgang nicht.

„How much?"

„3000!", sagt Kim leise.

Die Männer, die ihre Figuren allesamt eingewickelt haben und interessiert das Verkaufsgespräch zwischen Kim und Wolfgang verfolgen, nicken zustimmend. Wolfgang ist verunsichert. Irgendetwas ärgert ihn. Die Solidarität all dieser Verkäufer, die offenbar nur 3000 Riel als Preis kennen? Die fehlende Verhandlungsbereitschaft?

Kim, der den plötzlichen Stimmungswandel spürt, nimmt Wolfgang den Affen aus der Hand, wickelt ihn zu anderen Figuren in einen Fetzen Tuch und verschwindet durch den Felsgang. Auch die Männer machen sich auf.

Wir sind - zugegeben - ein bisschen überrascht. Denn dieser auf dem Phallus reitende Affe war durchaus originell, ein witziges Souvenir, das wir bisher noch nie zu Gesicht bekommen hatten. Peter läuft hinter den Männern her. Wir können hören, dass er mit ihnen spricht. Dann kommt er zurück zu uns, allein, ohne Figur.

„Und?" Wolfgang ist ungeduldig.

„Sie sagen, dass sie die Figuren selber für 2000 Riel das Stück auf dem Markt in Siem Reap gekauft haben und etwas verdienen müssen."

„Aber doch nicht 50%!" Wolfgang gewinnt seine Sicherheit zurück. „Wo gibt's denn sowas?"

Es ist heiß geworden, und wir machen uns auf den Rückweg.

Ein paar Minuten später, in der Nähe unseres Autos, außerhalb der Sichtweite der Männer, steht Kim plötzlich wieder vor uns. Er wirkt ganz anders als eben noch, ängstlich, verstört.

"You give me money!", bettelt er.

Schließlich geben wir ihm 3000 Riel für eine seiner Figuren, einen Dollar. Großmütig, finden wir, denn es war klar, dass er uns übers Ohr haut. Doch er sah einfach zu enttäuscht aus ...

Der Junge bedankt sich und steckt das Geld weg. Guckt uns noch eine paar Sekunden abwartend an, als erwarte er noch mehr. Dann schleicht er bedrückt davon. Wir sehen ihn nicht wieder. Ihn nicht, aber Dutzende anderer kleiner Mädchen und Jungen, die uns ihre Figuren verkaufen wollen. 3000 Riel für jede einzelne. Ein gut funktionierendes Kartell, haben wir den Eindruck.

Viele Wochen später, die Reisegruppe ist längst zurück in Hamburg, klingelt bei Wolfgang das Telefon. Rosemarie. „Erinnerst Du Dich an den Jungen in Bantey Samre? Von dem wir den Affen gekauft haben?"

„Der so auf Dich zugerannt ist?"

„Ja.“

„Wieso fragst Du?“

„Weil ich heute auf dem Isemarkt war. Da gibt's einen Stand mit allem möglichen Zeugs aus Asien, auch so kleine Bronze-Figuren.“

„Auch die Affen?“

„Ja! Und weißt Du, was die kosten?“

„Nee...“

„Stück 20 Euro.“

Lächeln!

Ohne Kenntnisse in der Landessprache ist es oft sehr schwierig, mit Menschen am Reiseziel Kontakt aufzunehmen und ihnen mehr verständlich zu machen als den Wunsch nach einem Essen oder Hotelzimmer. In größeren Städten, zu deren Infrastruktur Hotels gehören, kommt man heute zwar oft mit Englisch zurecht; doch die Kommunikation bleibt auch dort spärlich.

Was tun, um sich nicht allzu verloren und isoliert zu fühlen?

Glücklicherweise haben die Südostasiaten, insbesondere die Thais, eine nicht-sprachliche Verständigungsmöglichkeit entwickelt, die ein brauchbarer ‚Ersatz‘ für die ungewollte Sprachlosigkeit ist: das Lächeln. In den Städten scheint diese wunderbare Angewohnheit zwar allmählich zu verkümmern, doch sie existiert noch, vor allem natürlich in ländlichen Gebieten. Und wenn man über gewohnte Schatten springt und sich auf diese ‚Sprache‘ einläßt, erlebt man kleine Wunder.

Miesepeter wenden ein, dieses Lächeln sei nicht immer so gemeint, wie es wirke. Es könne auch anderes ausdrücken: das Gefühl der Verlegenheit, des Nichtwissens, der Hilflosigkeit, ja sogar der Aggression. Ich räume gerne ein, dass die feinen Unterschiede im Lächeln eines Thais von uns Westlern schwer zu erkennen sind. Aber auf mich wirkt ein Lächeln positiv. Einladend. Zustimmend. Es ist wie ein Versprechen: „Sei unbesorgt, von mir hast Du nichts Böses zu erwarten!" Ein Lächeln signalisiert Wohlwollen und Rücksichtnahme. In schwierigen Situationen beruhigt es. Es fordert auf zu vertrauen. Es erleichtert und hilft, sich anderen anzunähern, mit ihnen ins Gespräch zu kommen. Mit einem Lächeln gehört man dazu.

Nach der Rückkehr von Asien-Reisen habe ich gelegentlich versucht, das Lächeln in unsere oft graue Winterwelt zu importieren. Besonders auffällig waren mir dann die Gegenüber, die nicht mal eine negative Reaktion gezeigt haben, sondern mit unverändertem Gesichtsausdruck an mir vorübergegangen sind. Andere haben erstaunt, manchmal etwas verunsichert geguckt, vor allem Frauen, die damit rechnen müssen „angemacht" zu werden. Aber manche haben tatsächlich zurückgelächelt! Das war wie eine Erklärung: „Ja, ich hätte auch gerne mehr Kontakt, mehr Nähe, mehr Kommunikation. Wie schön, dass Sie mich angelächelt haben!"

Vor allem, wenn man alleine reist, kann ein Lächeln Gold wert sein. In der Eisenbahn, zwischen all den fremden Menschen, die stundenlang schwitzend nebeneinander und sich gegenübersitzen, erleichtert es die Gemeinsamkeit; nach dem ersten angekommenen Lächeln sucht man mehr Möglichkeiten miteinander in Kontakt zu kommen. Dann zeigt man sich Fotos, Landkarten, Gepäckstücke. Man teilt seinen Reiseproviant mit anderen. Man riskiert eine Unterhaltung mit Mimik und Gestik und fängt vielleicht sogar an, sich gegenseitig Vokabeln beizubringen.

Wenn es Probleme gibt, kann ein gelungenes Lächeln die Problemlösung vereinfachen. Man empfindet mehr Empathie. Man wünscht zu helfen. Man vertraut seine Hilflosigkeit dem Gegenüber an, der das als unaufdringliche Bitte wahrnimmt und sich kümmert.

Und ein Lächeln hilft auch immer, die eigene Ungeduld erfolgreich zu bekämpfen. Man legt damit seine Anspannung ab und „überläßt" sich - wem auch immer. Unsere westliche Art, immer alles selbst in die Hand zu nehmen und sofort zu regeln, führt in einer anderen Kultur oft in die Irre.

Der Oberkellner
(Thailand)

Immer wieder klatscht das Wasser an die Mauer. Wenn es sich zurückzieht und ein Stück der Mauer freigibt, tropft es von fettgrünen Schlieren auf den Steinen. Und wenn es gleich darauf wiederkommt und sich wieder emporleckt, dann trägt es ein Gewirr von Wasserhyazinthen auf seinem Kamm. Manchmal schlägt eine Plastikflasche gegen die Steine. Oder anderer Müll.

Nie kommt es zur Ruhe, das Wasser. Dafür sorgen die Boote. Die Flußtaxis, die Fähren, die Schleppzüge, die Dschunken, die Schnellboote. Die Schnellboote sind sooo schnell, dass den Männern am Ruder die Haare waagerecht im Fahrtwind zurückstehen, und ihre winzigen Außenbordmotoren dröhnen sooo laut, dass die Touristen sich untereinander vor ihnen warnen. „Man versteht sein eigenes Wort nicht mehr!", sagen sie. Oder: „Hinterher ist man tagelang schwerhörig!"

Die Mauer, an die das Wasser klatscht, gehört zu einer Terrasse. Auf dieser Terrasse befindet sich ein Dutzend Tischchen mit leinenweißen Tischtüchern unter ebenso weißen Sonnenschirmen, umgeben von einer Hecke rosa und violett blühender Bougainvilleabüsche.

Die Terrasse gehört zu einem sehr anerkannten, sehr luxuriösen Haus, das eine bewegte Geschichte hat. In Meyers Weltreiseführer (Erster Teil), erschienen 1912, wird es als Gasthof bezeichnet. „Mäßig und nicht billig", steht da, „schickt Motorboot zum Dampfer."

Heutzutage erreichen die Gäste dieses Hotel, das immer

noch eines der berühmtesten in Südostasien ist, mit Flugzeug und Limousine. „Wenn Sie einmal dort übernachtet haben", schreibt der ‚Lonely Planet', „dann erinnert sich das Personal an Ihren Namen. Es weiß, was Sie gerne zum Frühstück haben möchten und welche Blumen Sie in Ihrem Zimmer bevorzugen."

Ein Mann wie Willliam Somerset Maugham würde das Haus nicht wiedererkennen. Er müsste sich an das Personal wenden, um das damalige ‚Gasthaus' wiederzufinden, das um ein Haar sein Sterbehaus geworden wäre. Denn schon seit vielen Jahren ist es an den Rand gedrängt von einem Betonriesen, der seinen Namen übernommen hat: ‚Oriental'.

Auch die Gäste unterscheiden sich von denen vor hundert Jahren. Damals waren es die Pioniere der Gesellschaft, Habenichtse genauso wie Wohlbetuchte. Mutige, risikobereite Geschäftsleute, die wochenlange Schiffspassagen auf sich nahmen, um von hier aus den Osten zu erkunden. Skurrile Einzelgänger, Abenteurer, Hazardeure. Leute, die von Unruhe und Entdeckerlust getrieben waren und ihre Umgebung wie mit der Lupe untersuchten.

Und heute?

Im ‚Oriental' muss man gewesen sein, und wer es sich leisten kann, nimmt hier zumindest einen sundowner. Nur wenige Gäste dürfen jedoch für sich beanspruchen, in der Tradition der klassischen Orientreisenden zu stehen. Leinenanzüge und Bowler sind abgelöst worden von Jeanshosen und Gucci-Sonnenbrillen. Bildung und zurückhaltende, wirkliche Vornehmheit, die echte, stille, weil bescheidene Aristokratie ist von selbstbewusster Lässigkeit und Kreditkarten verdrängt worden. Es gibt kaum noch Restexemplare, die damals wie heute ...

Gleichzeitig mit einem jungen Paar nähert sich ein älteres einem der Tischchen mit den leinenweißen Tischtüchern. Es ist soeben freigeworden, aber noch nicht abgedeckt; alle anderen sind besetzt. Der ältere der beiden Männer, einer von denen, die es gewohnt sind die Öffentlichkeit als Laufsteg zu betrachten, erfaßt das mit einem Blick, beschleunigt seinen Gang und erreicht den Tisch einen winzigen Augenblick vor dem jungen Paar - ohne seine Frau allerdings, die nicht ganz Schritt gehalten hat. So wirkt es ein wenig ungeschickt, wie er einen der Stühle für sie zurückzieht und ungeduldig zum Sitzen anbietet.

Das junge Paar steht sprachlos daneben. Dann weicht es zurück. Selbstgefällig nickt der ältere Mann dem jungen Paar ein kurzes Danke zu und verhilft seiner Frau zum Sitzen. In die Sonne blinzelnd, hängt er sein teures, blaßgrünes Sommer-Jackett über die Stuhllehne, setzt sich und schiebt achtlos eine halbleere Tasse zur Seite.

Und die beiden jungen? Ihnen ist die Verlegenheit tief ins Gesicht geschrieben. Sie hätten so gerne einen Kaffee getrunken in diesem berühmten Haus, das Äußerste, was sie sich leisten könnten. Und nun?

Nun spüren sie die Blicke der Gäste rundherum. Das Lächeln, das hängenbleibt an ihren billigen Hemden. Getuschel hören sie, Köpfe, die sich zum Nachbarn hinbewegen, um zu hören, was das denn für Leute sind, die da zwischen den Tischen stehen und nicht wissen wohin.

Dem Leser zum Trost hat die Geschichte aber gerade erst begonnen. Denn, wer weiß woher, steht im selben Augenblick ein Kellner neben ihnen. Er lächelt sie an, dass sie sich auf angenehme Art ernst genommen, ja: gewürdigt fühlen. Bittet sie, ihm zu folgen zu einem Bänkchen wenige Meter entfernt. Bittet sie Platz zu nehmen und reicht ihnen, der jungen Dame zuerst, Getränkekarten.

Doch obwohl sie sehr bequem sitzen auf dem Bänkchen, und obwohl sie sich gut behandelt fühlen, wächst in dem jungen Mann die Unsicherheit. Und die Unzufriedenheit. Er heißt Johannes.

„Komm", sagt er, „laß uns gehen."

„Ich habe es so verstanden, dass uns der Kellner Bescheid gibt, sobald ein Tisch frei wird.", entgegnet Hanna.

Im selben Augenblick werden Stühle gerückt auf den Steinplatten, und einige Gäste verlassen ihren Tisch. Es ist ein Tisch weiter hinten, weit entfernt vom Fluß. Und er wird sogleich wieder besetzt. Johannes hat das gesehen. Und seine Unzufriedenheit wächst.

„Ich gehe!"

Hanna zieht ihn zurück auf das Bänkchen, was nicht schwer ist, denn mit seiner Entschlossenheit, tatsächlich zu gehen, ist es nicht weit her. Es ist eher das Gefühl, die Kontrolle über die Situation verloren zu haben und nicht hineinzugehören in diese Welt der Garderoben und Accessoires.

„Was sollen wir denn noch hier?"

Ihr Kellner erscheint wieder, bittet sie freundlich um ein paar Minuten Geduld und stellt zwei Gläser Orangensaft vor sie auf den Tisch.

„Where are you from?", fragt er in einem Englisch, das seinesgleichen sucht in Thailand. William Somerset Maugham hätte es nicht englischer aussprechen können. Und selbst, wenn er nicht todkrank gewesen wäre und statt der völlig durchgeschwitzen Reisekleidung einen Cut getragen hätte: er hätte kaum britischer ausgesehen als der Kellner. Doch der ist zweifellos ein Thai.

„Oh, Hamburg!", sagt er und lächelt sie mit soviel respektvoller Herzlichkeit an, wie es nur die Thais können. Er berichtet, dass er im Laufe seiner Zeit das Vergnügen gehabt habe, viele Gäste aus Hamburg zu begrüßen. Die Reeperbahn erwähnt er nicht und auch den HSV nicht.

Ob er selbst mal in Europa gewesen sei?

Was für eine Frage! Er lächelt, wirft das weiße Tuch über den Arm, deutet eine winzige Verbeugung an und geht.

Hanna sagt später, es sei ein Lächeln gewesen, das sie sehr berührt habe. Weil sie Glück und zugleich eine Art Sehnsucht darin gesehen habe. „Wie alt er wohl ist?"

Johannes schaut hinter ihm her. Wie klein er ist und trotzdem stattlich. Der Anzug, die eleganten Schuhe: selbstverständlich für einen guten Kellner. Aber der Gang! So behutsam und dennoch entschlossen. Und die Haltung!

Johannes, der bestimmt einen halben Kopf größer ist als der Kellner und sich hinter ihm beinahe ungehobelt vorgekommen war, streckt unwillkürlich seinen Rücken durch, schiebt sich vor bis an die Kante des Bänkchens und ergreift behutsam sein Glas.

„Vielleicht 60. Vielleicht auch mehr, viel mehr", antwortet Hanna sich selbst. „Das kann man so schwer beurteilen."

Den Fluß herab schiebt sich ein Schleppzug. Vier massige, träge Kähne mit wulstigen Bäuchen, mit mächtigen Seilen untereinander verbunden, unterwegs zum Golf von Siam. Die Flußtaxis und Fähren kommen zur Ruhe; sie können den Fluß nicht mehr queren und schaukeln abwartend in dem graubraunen Wasser. Gegen die Kähne haben sie nichts auszurichten.

„Vor hundert Jahren haben die auch schon so ausgesehen!"

Hanna denkt nicht an Somerset Maugham, als sie das sagt, sondern an die kleine Fotoausstellung, die sie im Norden besucht haben. Dort hatten sie gehört, dass man vor hundert Jahren, wenn man den Weg mit dem Boot über Flüßchen und Kanäle nahm, drei Monate brauchte von Bangkok nach Chiang Mai. Unvorstellbar.

„Excuse me!"

Der Kellner nimmt ihre Gläser, hebt sie auf ein silbernes Tablettchen und bittet Hanna und Johannes erneut, ihm zu folgen.

Er führt sie zurück zu den Tischchen unter den Sonnenschirmen, von denen gerade eines der schönsten frei geworden ist, unmittelbar an der Mauer zum Wasser. Doch sie kommen zu spät. Denn der Mann im blaßgrünen Jackett, der mit seiner Frau am Tisch daneben saß, ist bereits dabei umzuziehen. Ein wenig hastig hat er die Cocktailgläser vom einen auf den anderen Tisch befördert und fordert gerade seine Frau auf, ihm endlich zu folgen. Dabei versperrt er, scheinbar absichtslos, dem Keller und dem jungen Paar den Weg.

Der Kellner scheint einen winzigen, kaum wahrnehmbaren Augenblick irritiert; Hanna und Johannes warten hinter ihm und können sein Gesicht nicht sehen. Dann dreht er sich zu ihnen um, lächelt sein warmes Lächeln und führt sie an den Tisch, den der Blaßgrüne soeben geräumt hat. Von dort winkt er eine Kollegin heran, die auch sofort erscheint, das Tischtuch durch ein frisches ersetzt und eine kleine Alabaster-Vase mit Orchideen auf den Tisch zaubert.

Der Kellner, als sei nichts geschehen, reicht ihnen die Karte.

Doch Johannes, der sich über den Affront des Blaßgrünen aufregt - nicht gegen sich, sondern den Kellner -, hat nicht die Ruhe etwas auszuwählen. Immer wieder schaut er hinüber zu dem Tisch, der ihrer hätte werden sollen, und gebraucht schließlich ein kräftiges Schimpfwort. Hanna erschrickt und stößt ihn mit dem Ellenbogen; der Kellner lächelt sie an. Er hat nichts verstanden und doch alles. Nimmt die Bestellungen auf - zwei Tassen Kaffee -, wiederholt sie mit seiner kaum erkennbaren, doch von Achtung bestimmten Verbeugung und will gehen.

Da schnippt der Blaßgrüne mit den Fingern, winkt ihn heran, zeigt auf etwas in der Karte und hat sich schon wieder abgewandt, als der Kellner die Bestellung höflich wiederholt.

Johannes kann kaum an sich halten. „Dieser Blödmann!", schimpft er, „wie geht der mit dem Kellner um!"

„Der würde das Wort nie und nimmer gebrauchen", sagt Hanna. Sie weiß, was in Johannes vorgeht. Er hat es nie gemocht, wenn irgendjemand zu Unrecht benachteiligt oder wie ein Lakai behandelt wird. Kurz, nachdem sie sich kennengelernt hatten, hatte er ihr die Novelle vom Michael Kohlhaas geschenkt. Als ob er sich selbst erklären wollte. Er hatte sie ihr sogar vorgelesen, nach und nach, und sie hatte gespürt, wieviel er für den Roßhändler empfand, der nichts wollte als das Recht, das ihm zustand, und das er schließlich auch bekam und mit nichts weniger als seinem Leben bezahlen musste.

Der Schleppzug befindet sich inzwischen weit flußabwärts. Ein Schnellboot legt unterhalb der Terrasse an und setzt eine Gruppe Touristen ab, die, behängt mit Taschen und Fotoapparaten, in einem flachen, weißgetünchten Holzhaus unter hochgeschossenen Kokospalmen verschwinden.

„Was das wohl ist?", fragt Johanna.

Der Kellner erscheint wieder und serviert dem Blaßgrünen mit einer stillen, höflichen Verbeugung das Bestellte. Dann setzt er das Tablett bei Hanna und Johannes ab, nimmt die beiden Tassen herunter und außerdem eine feine Porzellan-schale mit Ananasstücken, Mango-Schnitzen, Papaya und, in einer Sauciere, den dazu gehörenden Limonensaft. Dazu ein hauchdünnes, lackiertes Holzbrettchen mit ausgesuchtem Gebäck.

Johannes erschrickt, denn das ‚Oriental' ist nicht billig, und sie haben weder die Früchte noch das Gebäck bestellt. Sie wollten ja nur das Gefühl genießen, einmal Gast in diesem berühmten Haus zu sein, und nun sieht es so aus, als würden ihnen die Ereignisse über den Kopf wachsen. Bevor er aber den vermeintlichen Irrtum aufklären kann, blickt der Kellner sie beide fast dankbar an und sagt immerhin so laut, dass man es am Nachbartisch gut verstehen kann: „With compliments of the Oriental".

Johannes ist sprachlos. Hanna, die mit der Situation besser zurechtkommt als ihr Mann, bedankt sich und legt ihre Hand beschwichtigend auf die von Johannes.

„Darf ich Sie etwas fragen?" Hanna hat längst Zutrauen zu dem Kellner gefaßt und zeigt auf das flache Gebäude nebenan.

„Das ist das alte ‚Oriental'", erklärt der Kellner. „Sehen Sie: das Zimmer mit der Terrasse davor, da hat Sommerset Maugham übernachtet, als er damals nach seiner langen Reise durch Birma zu uns nach Siam kam. Er hatte Fieber, 105 Grad Fahrenheit, eine gräßliche Malaria, es ging ihm sehr schlecht. Doch er hat die Krise überstanden. Und überglücklich, hat er gesagt, aus großer Dankbarkeit hat er das wunderbare Märchen von Prinzessin September geschrieben, dort auf der Terrasse, als die Sonne aufging."

Die beiden jungen Gäste hören andächtig zu.

„Aber ..."

Der Kellner schaut hinüber zum Nebentisch und beugt sich

dann zu ihnen hinunter, so dass ihn niemand anders hören kann, selbst am Nebentisch nicht, wo man sehr neugierig ist.

„Die Wahrheit ist, dass Maugham das Märchen schon ein paar Jahre vorher geschrieben, aber nicht veröffentlicht hatte. Und jetzt, in diesem Zusammenhang, sah er wohl eine gute Gelegenheit dazu."

Der Kellner schaut die beiden wie nach einer gelungenen Verschwörung an und läßt sie wieder allein.

Da rückt der Blaßgrüne heftig seinen Stuhl zurück.

„Die Rechnung!", fordert er laut, dem Kellner wütend hinterherblickend, und trommelt mit den Fingern auf die Tischplatte.

Nach einer angemessenen Wartezeit erscheint der Gerufene, legt dem Blaßgrünen eine lederne Schatulle auf den Tisch und verbeugt sich andeutungsweise. So ist es üblich, denn der Gast soll die Gelegenheit haben, seine Rechnung in Ruhe zu kontrollieren und einen entsprechenden Betrag in die Mappe zu legen.

Doch der Blaßgrüne schaut gar nicht erst hinein in die Schatulle. Er zückt seine Brieftasche, zieht einen großen Schein heraus und schickt den Kellner mit einer ungeduldigen Handbewegung zur Kasse. Das Wechselgeld, das der Kellner ihm kurz darauf auf den Tisch zählt, überprüft er erst gar nicht. Er schiebt es mit den Händen zusammen und stopft es in seine Jacketttasche. Dann erhebt er sich und kann es kaum erwarten, dass seine Frau das gleiche tut.

Das will sie auch. Doch ihr langer Rock verfängt sich dabei an einem Stuhlbein. Der Kellner ergreift ihren Stuhl an der Lehne, hebt ihn etwas an und erleichtert ihr so das Aufstehen. Sie hält inne und schaut ihn überrascht an. Er lächelt ihr auf seine unnachahmliche Weise zu und deutet eine Verbeugung an; sie wirkt nicht routiniert. Dann, als das blaßgrüne Paar die Terrasse verlassen hat, gibt er seiner Kollegin ein Zeichen. Sie deckt das Geschirr ab und legt ein frisches Tischtuch auf. Er selbst schenkt seinen beiden jungen Gästen Kaffee nach.

„Ganz verschwunden ist das alte ‚Oriental' noch nicht!"

denkt Hanna und nimmt einen Löffel Zucker.

Der Schleppzug mit den vier Kähnen ist nicht mehr zu erkennen. Flußab nähert sich schon ein neuer.

* * *

Wer nach Thailand reist, sehnt sich nach Sonne, Strand und Meer. Das ist legitim. Aber es führt oft dazu, dass man sein gewohntes Leben mit- und am anderen Ort unter den ersehnten Umständen wiederaufnimmt; es verhindert die wirkliche Begegnung mit einer anderen Welt. Man „kauft" sich ein in etwas, das man erleben und genießen möchte – aber das Andere, das dazugehört, interessiert oft nicht. So nimmt man nur Teilausschnitte seines Reiseziels wahr und gewinnt falsche Eindrücke. Jeder muss selbst entscheiden, ob er das will. Nur: da sind ja auch noch die anderen! Nämlich die, deren Strand oder Land man benutzt.

Es ist nicht nur eine Frage der Moral, ob einem die Menschen am Reiseziel gleichgültig sind, solange sie die Infrastruktur erhalten und sich um den Service kümmern, auch wenn man dafür bezahlt hat. Als Reisender dringt man in eine andere Welt ein und verändert deren Aussehen und Funktionieren. Das Geld, das man hat – auch wenn es für unsere Begriffe nicht viel sein mag!- sorgt für eine Hierarchie, in der die, die am unteren Ende leben, wie überall nicht unbedingt glücklich sind.

Als „reicher" Tourist in Asien und in Urlaubslaune gibt man sich gerne geduldig. Man nimmt Rücksicht auf gelegentliche kleine Störungen, Verzögerungen, Mißverständnisse. Denn man spürt es ja beinahe körperlich, wie privilegiert man ist. Die „malerische Armut", die man unbedingt fotografieren muss, sorgt dabei für sehr gemischte Gefühle. Am Ende einer Woche, in der man täglich die Tempel von Angkor besucht hat, fällt es aber doch schwer, die contenance zu wahren ...

Am ersten Morgen, wenn man langsam und voller Erwartung die paar Kilometer vom Städtchen Siem Reap nach Angkor Wat rollt, ist das noch kein Problem. Man fühlt sich umgarnt und hofiert von den vielen Kindern und Jugendlichen, die auf einen einstürmen, wenn man aus dem Auto aussteigt. Es sind oft so viele, und sie sind so „engagiert", dass man kaum die Wagentür öffnen kann. Sofort wird man umringt und mit Angeboten überschüttet: Reiseführer in deutscher Sprache (Raubdrucke), Sonnenhüte, Tücher und anderes. Alles zum Billigpreis, den man in Verhandlungen oft noch um mehr als die Hälfte drücken kann. Man gibt sich interessiert, fragt nach dem Preis, schaut sich etwas an – und zögert. Braucht man denn wirklich, was es da zu kaufen gibt? Noch einmal wird der Preis gesenkt. Die Gesichter strahlen hoffnungsvoll ...

Geduld ist eine Tugend in Südostasien. Sie wird oft auf die Probe gestellt. Auch in Rangun. In der birmanischen Hauptstadt sind die Wege oft weit, und man freut sich über jeden Bus, der in die richtige Richtung fährt.

Wenn sich einer der Haltstelle nähert, hält man den Atem an. Auf den Stufen vor den Türen, die jederzeit auf die Straße stürzen können, knubbelt sich eine Menschentraube. Ganz außen, eine Hand an irgendeinem Festpunkt, ein Fuß in der Luft wie auf einem imaginären Bremspedal der Schaffner. Der Bus steht noch nicht, und doch haben ihn bereits 10 bis 15 Menschen verlassen. Nein, endgültig ausgestiegen sind sie nicht. Sie warten nur, bis der Schaffner die neuen Fahrgäste in den Bus gedrängt hat und schieben dann von außen nach.

Im Bus steht man dann wie bei einer preußischen Musterung: stocksteif, Hände an der Hosennaht. Allerdings nicht aus Respekt vor der Obrigkeit, sondern aus Platzmangel. Die anderen stehen genauso. Man spürt den Schweiß auf dem Rücken des Nachbarn. Der Bus, der unerwartet bremst, kann dem senkrechten Stand nichts anhaben; schon bald weiß man nicht mehr so recht, ob man überhaupt noch auf eigenen Füßen steht. Man konzentriert sich darauf, die Dieselschwaden, den Motorenlärm, das Lachen und Schreien der Fahrgäste an sich abperlen zu lassen. Und dann kommt der Schaffner! Er schaut einem fragend ins Gesicht, und man begreift nicht, wie es gelingen konnte, das Portemonnaie aus der Gesäßtasche zu fingern. Man reicht ihm einen nagelneuen Großschein, wie ihn nur Touristen haben, einen, der für sämtliche Fahrgäste (Hin- und Rückfahrt!) ausreichen würde, und muss beobachten, wie er sich durchs Gedränge davonmacht. Doch irgendwann taucht er wieder auf und reicht über die unzähligen Köpfe der Nachbarn hinweg ein Bündel Geldscheine herüber, ein dickes, sattes Paket Papiergeld, das so abgegriffen ist, dass man auch bei genauerem Hinsehen weder eine Farbe noch eine Zahl erkennen kann. (Später wundert man sich, dass man die einzelnen Fetzen tatsächlich noch gegen Kaffee, Suppe, süßen Pudding oder sonstwas eintauschen kann!)

Aber es gibt auch andere Bilder. Auf denen es nicht von Menschen wimmelt „wie Ameisen". Wo keine Motoren dröhnen und kein Laut aus Lautsprechern wummert. Im Gegenteil: wo man auf die Idee kommen könnte, sich in einem märchenhaften Stummfilm zu bewegen.

Bilder von Menschen in ärmlichster Kleidung, die allein mit einer Machete in der Hand oder einem uralten Luftgewehr lautlos am Rande einer Straße durch den Wald wandern und nicht einmal dem Auto hinterherschauen, das soeben an ihnen voübergejagt ist und ihnen Staubwolken ins Gesicht gewirbelt hat. Von Menschen, die weit entfernt wie winzige Strichmännchen zeitlupenhaft durch ein riesiges Reisfeld schreiten, sich bücken, wieder aufrichten, bücken, stehen, strecken. Kinder, die am Rande der Dorfstraße wie Salzsäulen erstarren und nicht wissen, warum sie die Hand aufhalten, wenn ein Fremder vorbeigeht.

Oder eine Frau, die reglos in einer Ecke ihres abgedunkelten Ladens sitzt und nicht zu grüßen wagt, bevor man sie entdeckt hat. Sie will nicht stören. Sie beginnt zu hoffen, wenn man das

Geschäft nicht sofort wieder verläßt und eine Tüte mit Gebäck in die Hand nimmt. Sie erhebt sich von ihrem Schemel, bereit, sofort wieder hinabzutauchen, wenn es die Situation erfordert.

Oder auch der Alte, der mit beiden Händen langsam und sehr vorsichtig eine Schale mit Nudelsuppe auf den Tisch stellt und sich, gebückt, rückwärts gehend wieder entfernt.

Und die sehr Alte, die über Stunden nahezu bewegungslos, von beiden Seiten bedrängt, über ihrem Korb in einem Minibus hockt und vom Markt zurückfährt in ihr Dorf, in dem sie vielleicht eine ganze Handvoll Kinder großgezogen hat, die nun in den Städten ihr Geld verdienen.

Es sind Bilder, Blicke, Bewegungen, Begegnungen, die man nicht sofort wieder vergißt. Sie geben oft Rätsel auf. Sie fordern zum Vergleich mit dem eigenen Leben auf, und das endet oft in Gefühlen von Demut oder gar Scham.

Siangkhong
(Kambodscha/Thailand)

Der Isan, sagt man, sei das Armenhaus Thailands. An Hunger leidet dort aber niemand. Wer im Isan unterwegs ist, glaubt sich in einem riesigen Reisfeld, das über hunderte von Kilometern nur seine Farbe wechselt: vom ausgedörrten Braun zum Staubgelb zum Naßgrün. Kein Ziel für Touristen, denn die kulturellen Sehenswürdigkeiten liegen versteckt und sind nur schwer zu erreichen; außerdem spricht kaum jemand englisch im Isan. Doch wer sich da hintraut, bereut es nicht. Er lernt das stille Thailand kennen. Dörfer, die einfach aussehen, aber wohnlich. In denen verspielte Hunde zusammenlaufen, wenn ein Bus kommt, und die Hühner Hals über Kopf davonflattern. Wo Menschen leben, die nichts wollen von einem Fremden.

Doch! Selbst da gibt es welche, die man lieber nicht kennenlernen möchte. Bei denen man schon nach dem ersten, flüchtigen Blickkontakt weiß: Das kann nicht gut gehen! Aber dann ist es schon zu spät.

So war es mit Siangkhong. Als ich zufällig in ihre Richtung schaute, spürte ich sofort, dass sie mich als Opfer auserkoren hatte. Ich kannte den Blick. Die Haltung. Und ich wusste, dass ich viel Geduld brauchen würde. Doch ich tat, als hätte ich nichts bemerkt. Schlenderte langsam weiter, schaute interessiert mal hierhin, mal dorthin, mal in den Lonely Planet.

Außer dem Reiseführer hatte ich nur eine Wasserflasche bei mir. Das Reisegepäck lag im Gästehaus in Ubon. Von dort hatte ich frühmorgens einen Bus nach Kantharalak genommen und war dann mit einem Motorradtaxi bis an die Grenze gefahren. Ein paar Schritte – und ich war in Kambodscha. Vor mir der Aufstieg auf gut 600 m Höhe. Und was für ein Blick!

Langsam begann ich die Klettertour. Einen Fuß vor den anderen setzend, sorgsam auf das Geröll achtend, auf dem man sich leicht die Füße verknicken kann. Gleichzeitig und ebenso sorgsam vermied ich den Blick in ihre Richtung. Trotzdem wusste ich, dass sie sich näherte. Als ich den ersten Tempel von Preah Vihear erreicht hatte, blieb ich stehen und blätterte im Lonely Planet. Las unkonzentriert und versuchte am Tempel zu entdecken, was ich im Buch gelesen hatte. In dem Augenblick hörte ich sie leise, doch deutlich sagen: „Number one".

Als ob ich das nicht selbst gewusst hätte!

Ich schaute ihr ins Gesicht und erschrak: es drückte Angst aus.

„Number one!"

Sie sagte es noch einmal, lauter. Und ich nickte. Was sollte ich anders tun, nachdem sich unsere Blicke getroffen hatten und klar war, dass sie mich meinte.

„Number one temple".

Ich nickte und setzte meinen Anstieg fort. Der sandige,

rötliche Weg führte relativ steil bergan, ab und zu über Stein-quader und völlig unregelmäßige, aber massive Treppen-stufen. Hinter mir, in gebotenem Abstand, Siangkhong. Ich sah mich nicht um. Aber natürlich war sie da. Der Blick, der mich getroffen hatte – ich versuchte mich zu erinnern. An die Augen, an das Gesicht, die ganze Person. Ein Kind, das mich wütend machte, weil ich ahnte, was passieren würde.

Dann kam „Number two". Der zweite von vier Pavillions, die in regelmäßigen Abständen vor dem eigentlichen Tempel liegen. Schiefe Wände aus verwitterten Steinblöcken, ein baufälliger Torbogen, im Innenraum trockene Büsche. Ich stand davor und blätterte im Lonely Planet, tat interessiert, verstand aber gar nichts, weil meine Gedanken in eine völlig andere Richtung gingen. Ich nahm einen Schluck aus der Wasserflasche und hörte ihre Stimme: „Water".

Was sollte das? Ich wusste doch wohl selbst, was ich tat. Musste sie mir die paar Vokabeln, die sie kannte, so aufdrängen, als wäre es die Information für mich?

„Water". –

„I know!". Ich war selbst erschrocken über die Abwehr in meiner Stimme, über die Unfreundlichkeit.

„Look water! Look here other side!"

Ich schaute hinüber zu ihr. Sie wies mit dem Arm auf eine Bodenwelle, lief dann dorthin, stieg hinauf und zeigte nach unten.

„Water!"

Unwillig, ärgerlich folgte ich ihr. Und erblickte hinter der Bodenwelle eine tiefe Mulde. Rechteckig. So groß wie ein halber Tennisplatz, etwas schmaler vielleicht, sechs oder sieben Meter tief. Auf allen vier Seiten regelmäßige Treppen-stufen. Gemauert aus Natursteinen.

Es sah aus wie ein antikes Becken. Ein Bad.

Davon stand nichts im Lonley Planet. Ich sah Siangkhong wieder an; ihr Blick war weicher geworden. Sie erklärte mir etwas, das ich nicht genau verstehen konnte. Aber eindeutig war, dass es sich um ein Becken für rituelle Waschungen handelte. Hier, auf halber Höhe des Berges. Vollkommen verlassen, ausgetrocknet seit Jahrhunderten, aber in seinen Formen von überwältigender Schönheit. Mit verblüffend ästhetischen Proportionen. Was war hier vor sich gegangen?

Khao Phreah Vihear, die Tempelanlage der Khmer, ist von kambodschanischem Territorium aus nicht zugänglich. Sie liegt auf einer kilometerweiten Bodenwelle, die aus der thailändischen Provinz Si Saket nach Süden hin ansteigt und urplötzlich schroff abbricht. Optisch, der Natur des Geländes nach gehört sie also zu Thailand, politisch jedoch zu Kambodscha. Denn der Internationale Gerichtshof hat sie 1963 den Kambodschanern zugesprochen, die auf ähnliche Tempel ihrer Vorfahren verwiesen hatten. Ein Argument, das fragwürdig ist, denn im Isan liegen noch etliche andere Khmer-Tempel. Sie alle gehören zu Thailand. Erst da, wo die mächtige Bodenwelle ihren Kamm erreicht und hunderte von Metern steil hinabfällt, beginnt - optisch gesehen - Kambodscha.

Der Anstieg ging weiter. Siangkhong immer 10, 15 Meter hinter mir. Ich mache einen Test und bleibe stehen. Siangkhong steht auch. Wenn ich gehe, geht auch sie. Ich hab' ihr doch deutlich zu spüren gegeben, dass sie unerwünscht ist! Warum merkt sie nicht, dass ich allein sein will? Habe ich einen Fehler gemacht, als ich ihrem Fingerzeig gefolgt bin und mir das Wasserbecken angeschaut habe? Ob es wohl bis obenhin angefüllt war vor tausend Jahren? Wer hat das Wasser hier heraufgetragen?

Wenn das Becken – grob geschätzt– 5 mal 7 Meter groß ist und im Schnitt etwa 4 m tief – dann waren das 140 m^3. Also 140.000 Liter. Macht 14.000 Eimer.

Die Tempelanlage von Wat Phu, 100 km weiter nach Osten, in Laos, liegt auch an einen Berg geschmiegt. Nicht zufällig: In der Mythologie der Hindus ist der Berg Meru der Weltenmittelpunkt, über dem sich nur noch verschiedene Himmel befinden.

Es war heiß. Ich näherte mich „Number three", blieb wieder stehen und blätterte im Lonely Planet. Er kündigte ein gut erhaltenes Relief auf einem Torbogen an, das Shiva und seine Gemahlin Uma bei einem Ritt auf ihrem Bullen zeigt. Uma heißt Uma, wenn sie in ihrer wohlwollenden, gütigen Erscheinung dargestellt wird; sie kann, wie ihr Mann, auch zerstörerisch auftreten: dann heißt sie Devi.

Ich blickte mich um, weil ich klar machen wollte, dass ich das Gelesene überprüfen, weil ich zeigen wollte: ich brauche keine Ratschläge, ich weiß alles aus meinem Buch. Aber natürlich auch, weil ich feststellen wollte, wo Siangkhong war.

Sie war nicht zu sehen.

Ich schaute genauer. Sie war doch nicht zurückgegangen? Tatsächlich stand sie halb verborgen hinter einem Stück Mauer. Ich konnte erkennen, dass sie gerade etwas aus ihrem Umhängetuch holte, eingewickelt in einen Fetzen Zeitungspapier. Das schlug sie sorgfältig auf und nahm etwas von dem Inhalt heraus. Zwei Kinder, 3 oder 4 Jahre alt vielleicht, warteten ungeduldig. Sie gab ihnen etwas, das die Kleinen sofort in den Mund steckten. Klebreis. Nicht gerade attraktiv bei dieser Hitze. Dann machte sie ein unmißverständliches Zeichen: verschwindet! Im Nu waren die Kleinen weg. Ich tat, als hätte ich nichts gesehen. Betrat „Number three" und suchte das göttliche Paar, fand es aber nicht. Auf dem Torbogen waren nur verwitterte Formen zu ahnen, die ich beim besten Willen nicht mit einem Bullen und zwei Reitenden in Verbindung bringen konnte.

„Number four" war das letzte Tempelchen vor dem Gipfel. Ich betrat es durch einen schmalen Torbogen - und Siangkhong befand sich fast unmittelbar vor mir. Ich erschrak, als sie unerwartet eine heftige Bewegung machte und irgendetwas in ihrem Tuch verbarg. Hatte aber das Gefühl, dass sie diesen Gegenstand nicht vor mir, sondern vor einem jungen Mann verstecken wollte, der sie im selben Augenblick zur Seite scheuchte, auf mich zutrat und mit eindeutigen Zeichen zu verstehen gab, dass er eine Zigarette wünsche. Kein angenehmer Typ. Ich schüttelte den Kopf und ging weiter, durch die Tempelruine hindurch. Dahinter lag eine nur noch leicht ansteigende Ebene aus festgetretenem Erdboden, auf ihrem höchsten Punkt ein Felsblock. Und überall blaßblauer, dunstiger Himmel. Ich war oben.

Einmal in meinem Leben hatte ich am Abgrund des Grand Canyon gestanden und mich von seinem Anblick kaum losreißen können. Sprachlos, überwältigt von Gefühlen. In den Ohren ein Rauschen, vor Augen die Macht der Natur. Oder ein Hügel in der Wüste des Tschad, von dem aus rundherum nach allen Seiten bis zum Horizont nichts als Dürre und blendende Helligkeit auszumachen war: das sind Momente, in denen man allein sein möchte.

Hier war ich es nicht. Siangkhong war in der Nähe. Und oben auf dem Felsblock hatte sich der Raucher niedergelassen. Er hatte Gesellschaft bekommen: einen weiteren Mann, ebenso ärmlich aussehend. Mir war nicht wohl dabei.

Doch ich schlenderte auf sie zu, weil ich unbedingt in die kambodschanische Ebene hinunterblicken wollte. Außerdem hätte ich gerne einen Blickkontakt hergestellt. Aber beide wichen ihm aus. Und so hatte ich nicht den Mut, zu ihnen auf den Felsen hinaufzuklettern.

Schließlich stand ich vor einer undurchdringlichen Wand aus Bambus und wusste nicht weiter. Hinter den Sträuchern musste es steil abfallen, Es war zu erkennen, dass da nichts mehr war. Aber es war nicht hindurchzukommen.

Ratlos blickte ich zurück zu Siangkhong. Sie hob den Kopf, als wolle sie mir eine Richtung angeben. Aber ich begriff nicht. Sie zögerte. Die beiden Männer aßen irgendetwas. Da faßte das Mädchen einen Entschluß. Sie ging auf einen Busch zu, winkte mir zu, schob Äste zur Seite und verschwand. Ob die Männer uns beobachteten, konnte ich nicht erkennen. Der eine spuckte gerade etwas aus. Ich nahm all meinen Mut zusammen und folgte Siangkhong. Da war ein Pfad, der sich durchs Gestein steil hinab wand. Nach wenigen Metern, auf denen mir heftig der Schweiß ausbrach, befand ich mich auf einem Felsvorsprung – und der Blick war frei!

Nichts schien sich zu regen 600m tief da unten. Ein

winziges, rötliches Lehmband schlängelte sich durch völlig vertrocknetes, braungelbes Waldgestrüpp, durchschnitt direkt unterhalb des Berges ein Dorf und löste sich schließlich weit entfernt auf im Dunst. Mir wurde schwindlig; meine Hand presste sich an die Wand hinter mir. Siangkhong, nur zwei oder drei Schritte vor mir, stand direkt am Abgrund. Eine andere Welt schien das zu sein da unten, aus der kein Geräusch heraufdrang, in der sich keine Bewegung abzeichnete.

Nach einigen Minuten wagte ich es genauer hinzugucken. Da waren Felder um das Dorf zu erkennen. Ein Wassertank. Wege. Doch weder Mensch noch Tier.

Siangkhong zeigte auf sich selbst und dann nach unten. In einem schwierigen Gespräch mit wenigen Vokabeln machte sie mir klar, dass sie da unten mit ihren Eltern und zwei Brüdern lebe, dass der Vater Reis anbaue, dass sie Siangkhong heiße - und dass sie Tag für Tag auf diesen Berg hinaufklettere. Wenn ich es richtig verstand, war sie 16 Jahre alt; aussehen tat sie wie zwölf. Aber die Frage, was sie hier oben mache, schien sie nicht verstehen zu wollen. So oft ich versuchte sie das zu fragen, schaute sie weg.

An die beiden Männer dachte ich nicht mehr. Mein Blick wanderte über die gewaltige Ebene dort unten und entdeckte nichts als ausgedörrtes Land. Es war wie eine Meditation. Erst ein Vogel, der unter mir vorüberglitt, riss mich aus meinen Gedanken. Ich nickte Siangkhong zu und machte mich auf den Rückweg.

Die Männer saßen auf dem Felsblock und schauten nur kurz zu mir herüber. Ich war wie benommen. Ob Siangkhong mir folgte auf dem Abstieg, nahm ich nicht wahr. Doch dann stand sie plötzlich wieder vor mir, hinter einer Mauer von „Number 3". Sie winkte mich zu sich und deutete auf einen Steinblock, der halb verborgen unter Schutt in einer Ecke des Pavillons lag. Klein, aber doch ganz deutlich zu erkennen waren Shiva und Uma auf ihrem Bullen Nandi. Zwei winzige Figürchen. Der Gott und seine Gefährtin.

Da hörte ich ein Rascheln. Siangkhong hatte ihr Tuch von

der Schulter genommen und ein Päckchen aus Zeitungspapier hervorgekramt, das mehrere Postkarten-Sätze enthielt. Immer zehn Karten in einem Schuber. Auf allen stand „Kingdom of Cambodia". In schlechten Farben zeigten sie, was die Könige der Khmer vor 1000 Jahren gebaut hatten.

„Very cheap!", flüsterte Siangkhong. Sie hielt mir die Postkarten-Sätze wie ein Skatblatt entgegen. Ihr Handgelenk spindeldürr. Wie schaffte sie es bloß, jeden Tag den Berg hinaufzuklettern?

„You buy. Ok?"

Natürlich konnte ich nicht nein sagen. Ich schaute mir die Postkarten an und überlegte, was sie wohl dafür verlangen würde.

„Ten postcards 100 Baht", sagte sie. „Very cheap!"

Das war zuviel! Überall in Thailand müsste ich dafür kaum die Hälfte bezahlen. Aber irgendwie saß ich in der Falle. Ich nahm einen von den fünf oder sechs Hundertern, die ich hatte und gab ihn ihr leicht verärgert und darauf achtend, dass sie nicht in mein Portemonnaie gucken konnte. Die großen Scheine hatte ich sowieso im Gürtel. Sie nahm ihn, steckte ihn blitzschnell in ihren Schuh und sprang davon.

Nun war ich sie los! Und war überrascht, dass ich traurig war.

* * *

*R*eisen Sie nicht in der Gruppe, wenn Sie die Möglichkeit dazu haben; reisen Sie allein, wenn Sie es sich zutrauen! Vor dem Alleinsein sollten Sie keine Angst haben. Sie werden es nicht lange bleiben.

Wer in der Gruppe auftritt, umgibt sich mit dem Schutz der Gemeinschaft. Er signalisiert: „In der Gruppe bin ich stark. Ich habe die Menschen, die ich brauche!" Wer alleine kommt, präsentiert sich wehrlos. Aber er strahlt keine Bedrohung aus. Er zeigt Vertrauen. Ihm kann man seine Neugier widmen. Er fordert zu Fragen heraus: Eine einmalige Chance!

Besonders im Bus oder in der Eisenbahn hat man alle Zeit der Welt, das Interesse an der Person des farang, des Fremden, zu genießen. Und es gibt viele Anlässe, um ins Gespräch zu kommen. Zuerst natürlich das ‚bai nai?' – ‚Wohin'? In den Isan? Da gibt es keine Touristen! Warum in den Isan? Woher kommen Sie? Allein? Warum? Und die Frau? Die Kinder?

Die Mutter, die sich mit ihren zwei Kindern zu dem farang gesetzt hat, beginnt ihre Taschen und Tüten zu durchsuchen.

Die Kinder bohren in der Nase und schmiegen sich an die Mutter. Dabei wandert ihr Blick immer wieder zu dem farang. Weil der ungeniert zurückguckt, klappen sie die Augendeckel herab und drängen sich noch heftiger an die Mutter. Beide sind für einen Besuch gekleidet. Das Mädchen in einem rosa-himmelblauen Kleid mit einer mächtigen Schleife auf dem Rücken, im Haar eine Blüte; der Junge in scharf gebügelten Jeans und weißem Rüschenhemd. Ihre Rucksäcke mit aufgebügelten Figuren aus der Welt der Märchen und Comics halten sie auf dem Schoß.

Die Mutter zerrt eine Tüte aus einer der Taschen. Kokos-Kekse. Sie reißt die Verpackung auf und bietet dem farang einen Keks an. Die Kinder starren auf den farang; jetzt wandern ihre Augen nicht mehr zurück. Was macht der Fremde? Er lächelt, greift zu, bedankt sich und ißt. Die Kinder lächeln auch. Das Eis ist gebrochen. Der farang muss unbedingt noch einen Keks nehmen! Er tut es; die Kinder schauen begeistert ihre Mutter an: toll, was die ihnen bietet! Und dann die Sensation: er sagt, dass es ihm gut schmeckt. Er sagt es auf Thai! Die Kinder jubeln. Und ab sofort hat der farang keine Möglichkeit mehr, in Ruhe einen Blick aus dem Fenster zu werfen. Er wird, von oben bis unten, zum Gegenstand der Untersuchung. Durch seine Brille, die sie ausprobieren wollen, können die Kinder kaum etwas erkennen, warum also dann eine Brille? Komisch, die farangs! Die Armbanduhr mit dem bunten Armband aus der Schweiz gefällt ihnen aber. Die Ohrstöpsel des MP3-Players sind winzig und überraschend laut. Und die Musik? Ist Thai-Musik! Noch nie ist eine Eisenbahnfahrt so unterhaltsam gewesen – für die Kinder nicht und für den farang genauso.

Unterhaltung, Spaß: sanuk! Das lieben die Thais. Nichts ist so schön wie Lachen in Gesellschaft. Und wenn sich dann in einer Kleinstadt am Mekong zwei farangs bereit erklären, Karaoke zu singen - dann jubeln sie. Schon bevor das Laufband mit dem Text erscheint, zeichnet sich auf allen Gesichtern höchste Erwartung ab. Doch es ist nicht die Hoffnung auf eine Blamage der Fremden und die damit verbundene Schadenfreude. Es ist die Hoffnung auf grenzenlosen Spaß, und wer für Spaß sorgt, wird geschätzt. Und wenn es den farangs dann noch gelingt, das gefühlstriefende Liebeslied so zu interpretieren, dass es zu dem klinisch sauberen Strahlepaar auf der blumenübersäten Wiese paßt, dann ist der sanuk perfekt.

Als farang kann man nichts falsch machen, wenn man die Nerven behält und sich selbst nicht allzu ernst nimmt. Und wenn man auch mal über sich selbst lachen kann.

Phitsanulok 2007
(Thailand)

Das war in Thailand, wo die Sitten anders sind.
Ich stand am Bahnhof, wartete auf einen Zug.
Es war früh morgens, und kaum spürbar war der Wind.
Jedoch von Menschen und Gepäck gab es genug.

Es war sehr bunt und lebhaft. Sehr exotisch!
Der Elefant am Schalter war kein Trug!
Ein Bahnbeamter blickte sehr despotisch
um sich und auf die Uhr. Wo blieb der Zug?

Und das Gedränge wurde immer dichter.
Der Bahnsteig wogte in der Sonne auf und ab.
Ich blickte hin und her in fröhliche Gesichter,
wobei sich folgendes Problem ergab:

Wo sollten die bloß alle sitzen?
Gab's Platz genug im Zug für Mensch und Tier?
Die würden alle furchtbar schwitzen.
Und nebenbei: was war mit mir?

Ich sah voraus das schreckliche Gedränge,
sah Menschen dutzendweise hetzen
von Platz zu Platz. Und fragte, ob es mir gelänge
mich da erfolgreich durchzusetzen.

Noch fünf Minuten. Nicht mehr lang!
Ich dachte nach. Und mir fiel auf:

Es gab nur einen Schienenstrang.
Von einem Horizont zum andern ging sein Lauf.

Und weil die andern, dachte ich, so dachten wie auch ich,
begaben sie sich unauffällig, leise,
die Kinder an der Hand und das Gepäck, jeder für sich,
auf die mir abgewandte, auf die andre Seit` der Gleise.

Und weil sie das fast alle taten,
stand ich auf meiner Seite bald allein.
Doch, fand ich, war ich damit gut beraten!
Und tausend gutgelaunte Menschen stiegen aus
und drängten mich zurück wie nicht gescheite.
Sie wollten alle ohne Umweg in die Stadt.
Die lag nun mal auf meiner Seite!

Und auf der andern stürmten derweil Mann und Maus den
Zug ...

Und als ich einstieg, war nichts mehr zu kriegen.
Die Plätze eng besetzt. Und das Gelächter laut.
Das war in Thailand, wo die Dinge anders liegen.
Man auch als Kenner manches nicht durchschaut.

Das Leben ist hart

Nicht alles ist ‚sanuk‘ in Thailand. Schon gar nicht in Laos
oder Kambodscha oder Birma. Manchmal fällt es schwer
zu begreifen, dass so viel Lebenskampf unter der strah-
lenden Sonne steckt. Alles andere als die Leichtigkeit, die sie
verspricht. Aber es ist so.

Auf den staubtrockenen, heißen Überlandrouten überholt man oft Menschen, die am Strassenrand irgendwohin

trotten. Sie schauen nicht auf nach den Autos, die an ihnen vorüberfahren. Jede Bewegung, die nicht allein dem Vorankommen dient, kostet zusätzliche Kraft und schmerzt. Die Last auf den Schultern bestraft jeden Blick nach links oder rechts. Ist die Straße noch nicht asphaltiert, sondern eine Piste, schleppt jedes Auto eine Staubwolke hinter sich her und hüllt die Wanderer ein; auf ihren nackten Armen und Beinen siedeln sich graue Flecken und Schlieren an. Jüngere haben manchmal eine Schleuder am Gürtel hängen, ältere tragen ein Gewehr auf der Schulter oder in der Hand, eine alte Flinte; man muss sich wundern, dass es dafür noch Munition gibt. Doch sie scheinen zu treffen, denn hin und wieder baumeln tote Vögel an den Stricken, die sie um ihre Hüften geschnürt haben.

Plötzlich, hinter einer Kurve, die Straße hat sich um einen mächtigen Felsvorsprung gezogen, stehen hölzerne Warnschilder auf dem Asphalt. Eine Baustelle. Die Straße wird verbreitert. Zwischen Ungetümen von Baufahrzeugen bewegen sich Menschen in völlig verdreckter Arbeitskleidung und mit Sonnenhüten oder Tüchern auf dem Kopf. Tücher sind praktischer, denn man kann sie auch über Mund und Nase ziehen und sich so vor dem Staub schützen. Oft bleibt nur noch ein Schlitz für die Augen. Man muss genau hinsehen um zu erkennen, dass hier selbstverständlich auch Frauen arbeiten. Schatten gibt es nirgendwo.

Auch die TukTuk-Fahrer in Bangkok haben keinen Spaßberuf. Das Hin und Her durch dichtesten Berufsverkehr, mit der Nase nur knapp über den Auspüffen der Autos, oft in den Hitzeblasen der riesigen Busse und LKW's, muss an Nieren und Nerven gehen. Viele Bauteile der bunten Dreiradtaxis werden nur noch von verölten, verknoteten Tüchern und Klebstreifen an ihrem Platz gehalten. Mancher Fahrgast hat sich schon die nackten Arme verbrannt, die er auf die von der Sonne aufgeheizten Aluminiumstangen gelegt hat; mit ihren Kringeln und Schnörkeln sehen sie so leicht und verspielt aus. Und er muss aufpassen, dass er bei den atemberaubenden

Start- und Bremsvorgängen nicht die Kontrolle über sein Gleichgewicht verliert. Unterwegs, wenn die Fahrt sich in die Länge zieht und die Fahrer sich vor einer roten Ampel, eingeklemmt in Blechwände, mit verölten Lappen den Schweiß von der Stirn wischen, quälen ihn dann Gewissensbisse: Hätte er den Preis doch nicht ganz so schamlos heruntergehandelt!

Und die zahllosen Verkäuferinnen und Verkäufer auf den Nachtmärkten, die sich oft im Gespräch untereinander amüsieren. Die sich necken. Die ihre halbgefüllten Essteller neben sich auf der Straße oder dem Bordstein stehen haben und einem potentiellen Käufer fröhlich Billigstpreise machen, während Reis und Gemüse und das bisschen Fisch kalt werden. Man sieht nur selten zu, wenn sie ihre Waren-Karren zum Standort ziehen, auf dem sie dann 12 und mehr Stunden stehenbleiben. Und im Vorbeischlendern, dies und das abwägend in die Hand nehmend und das freundliche Lächern der Verkäufer mit einem Kopfnicken entgegnend, bemerkt man nicht, dass ihr Sortiment schon -zigmal aus- und wieder eingepackt und aus- und wieder eingepackt worden ist. Das einzig Gnädige ist ihnen oft die Nacht, die ein bisschen Abkühlung bringt.

Und die jungen und immer älter werdenden Frauen, die in den Straßen von Chiang Mai vor einer Phalanx von Liegestühlen mit Fußablage hocken und auf Kunden warten. „Massage?" flüstern oder schreien sie, oft im Chor, jedem entgegen, der an ihnen vorbei muss. Wenn sie es noch können, lächeln sie ihr schönstes Lächeln, den Himmel auf Erden versprechend. Und die anderen, die Arbeit haben, bearbeiten halb- oder stundenweise die Füße der Kunden, die sich, die Augen geschlossen, bereits im Himmel auf Erden befinden. Bunte Glühlämpchen und Töpfe mit Orchideen hängen an den Bäumen.

Und die Arbeiterinnen im Rotlicht. Sanft, ordinär, schrill oder still, jung, häßlich, hübsch, alt - was auch immer. Haben sie eine Zukunft? Mit Sicherheit leben sie nicht so frei und selbstbestimmt, wie sie tun.

Einer der Menschen, dessen häßliche Lebensumstände ich in kürzester Zeit präzise kennengelernt habe, lebt in Rangun. Der Mann, etwa 50 Jahre alt, ist Journalist und zugleich Herausgeber einer kleinen Zeitung. Dieses Blatt ist wie ein Kriegsschauplatz, auf dem der Journalist um jeden Meter kämpfen muss. Sein Gegner ist die Diktatur. Ihre Zensoren schwärzen alles, was nicht den Vorschriften entspricht. Die aber sind nicht immer eindeutig, und so wiederholen sich beinahe täglich die mutigen Attacken des Journalisten. Die miteinander ringenden Parteien kennen das Terrain und die Hinterhalte, die sie sich gegenseitig legen können. Doch während das für die eine Seite ungefährlich ist, kann es die andere den Arbeitsplatz kosten.

Das Büro des Mannes liegt im 2. Stock eines Hauses in einer kilometerlangen Straße. Wir sind verabredet. Er ahnt, dass es für mich nicht leicht ist das Haus, das wie die meisten anderen keine Hausnummer trägt, zu finden. Deshalb hält er Ausschau nach mir aus dem Fenster. Als ich ihn entdecke und ihm ein Zeichen gebe, nickt er vorsichtig zu mir herunter und deutet auf eine Tür unten im Haus. Dann verschwindet er vom Fenster.

Die Tür läßt sich leicht öffnen. Im düsteren, stickigen, stinkenden Hausflur weichen zwei Männer zurück und geben den Zugang zu einer Betontreppe ohne Geländer frei. Ich steige hinauf bis zu einer schweren Eisentür im 2. Stock. Sie öffnet sich, und der Journalist zieht mich in einen überraschend großen, verrauchten Raum, in dem zwei lange Holztische stehen. Kaffee? Tee? Er ruft die ‚Bestellung' in einen Neben-raum hinein und bittet mich an einen der Tische.

Erst jetzt komme ich dazu, dem Mann in die Augen zu sehen. Sie wirken wach und müde zugleich, vertrauenerweckend. Ich fühle mich sicher bei ihm, doch er offenbar nicht mit mir. Denn als ich mein kleines Aufnahmegerät für das Interview auspacke, das wir verabredet haben, springt er auf und schließt schnell das Fenster. Dann drückt er seine nur halb zu Ende gerauchte Zigarette aus und zündet sich wenige

Sekunden danach eine neue an. Noch während ich ihm die erste Frage stelle, springt er erneut auf und öffnet das Fenster wieder. Das sei wahrscheinlich unauffälliger, sagt er, denn es stehe eigentlich immer offen.

Unser Gespräch dauert überraschend lange. Der Mann redet sich Ballast von der Seele. Mutig, beinahe leichtsinnig, denn er kennt mich ja nicht. Er berichtet von der schwerfälligen Bürokratie und den schwarzen Balken der Zensoren, von Geschichten, die ihm verboten und zerstört werden. Beklagt den täglichen Frust. Manchmal unterbricht er sich selbst und hört auf Geräusche von außen. Dann nimmt er einen neuen Anlauf. Wie die Wellen einer Brandung kommen seine Geschichten daher, eine nach der anderen, und alle ereilt sie dasselbe Schicksal. Im Aschenbecher türmen sich ausgedrückte, nur halb zu Ende gerauchte Zigaretten.

Einmal kommt seine Frau aus der Küche und fordert ihn mit einer Handbewegung auf, leiser zu sprechen. Das tut er, aber nicht lange. Die Rage, die sich bei seinen Erzählungen entwickelt, reißt ihn zu sehr mit. Und seine Themen werden größer. Zuerst waren es nur einfache, fast satirische Geschichten aus seiner täglichen Tristesse. Doch dann sind es jahrzehntelange Erfahrungen von Unterdrückung und Bedrohung, nicht nur seiner eigenen Person. Ihn bedrückt, dass die meisten seiner Landsleute keine Hoffnung mehr haben auf Veränderung. Dass er im Gefängnis gesessen hat, erwähnt er nur am Rande.

Der letzte Gast
(Birma)

Zwei Spiegeleier! Damit hatte ich gerechnet. Touristen aus dem Westen bekommen zum Frühstück immer Spiegeleier. Diese hier hatten allerdings ihre eigene Qualität: Sie müssen schon seit Stunden auf dem Teller gelegen haben, denn obwohl die Vormittagssonne hartnäckig auf die Fensterläden brannte, waren sie kalt und ihre blaßgrauen Ränder angetrocknet und bröselig wie Insektenflügel. Außerdem gab es zwei Scheiben süßes, daunenweiches Weizentoastbrot, ein Aufreißpäckchen „Three in one" - Kaffeepulver, Milchpulver, Zucker - und heißes Wasser in einer Thermoskanne. Alles auf einer nachlässig aufgelegten Tischdecke mit Spuren von Ketchup und Fischsauce, die wohl schon mehrere Wäschen überstanden hatten. Der Marmeladenklecks auf einem zartrosa Plastikschälchen war umschwärmt von Ameisen und winzigen Insekten, die zick-zack fliegen konnten.

Doch es schmeckte! Es schmeckte großartig! Gerade weil es das Asien war, das so liebenswert ist: keine Suiten, keine Bar, kein Pool. Ein kleines Hotel wie viele andere, mit Zimmern zum Schlafen und Tischen zum Essen, funktional und anspruchslos. Das Personal zahlreich und unerfahren. Ein Buffet mit eisgekühlten Säften und Blätterteigcroissants hätte hier gar nicht hingepaßt.

Ich war der einzige Gast im Frühstücksraum. Die wenigen anderen Tische waren längst verlassen, aber noch nicht abgeräumt; vermutlich hatten hier ein paar Geschäftsleute mit dem Handy im Gesicht gegessen. Laut und wichtig ins Telefon

befehlende Männer mit schrillen Krawatten, die ihre Beglei-
terinnen genauso schätzten wie die massiven Goldringe an
ihren Fingern. Doch jetzt machten die Tische einen verlo-
renen, wie von Kannibalen heimgesuchten Eindruck: halb
geleerte Gläser, verschmierte, mit Speiseresten und Plastik-
müll überhäufte Teller, die Servietten irgendwohin geknüllt.

Ich fühlte mich zu Hause und zerkaute Toast und Eier
bedächtig, freute mich an der wachsweichen Gabel, die
härteren Aufgaben niemals gewachsen gewesen wäre und
versuchte gedankenverloren wiederkäuend das überdimensi-
onale Plakat zu verstehen, das die Wand neben dem Eingang
beherrschte. Drei schlichte, solide Häuser waren darauf
abgebildet, frisch getüncht, und davor steif eine Gruppe von
älteren und jüngeren Menschen. Alle hatten ein Werkzeug in
der Hand, einen Spaten, eine Säge, eine Wasserwaage, und alle
schienen mit sich und der Welt zufrieden zu sein. Darunter
mehrere Zeilen Text. Leider konnte ich kein Wort lesen von
dieser durch Kringel geprägten Sprache.

Die Morgensonne, das Haus, das Frühstück: Alles paßte
zusammen und bedeutete ein kleines, überschaubares
Abenteuer.

Aus der Rezeption drangen Fernsehtöne herüber, die ich
aber erst hörte, als sie abrupt verstummt waren. Die Stille
war lauter. Dann begann ein Generator zu dröhnen. Strom-
ausfall. Durch die geöffnete Verandatür roch es nach Diesel.
Aha, dachte ich, die Generäle gehen wieder mal vor! Seit
meiner Ankunft vor 24 Stunden hatte ich diese Geschichte
mindestens schon dreimal gehört: dass zu wenig Strom in
diesem Land produziert und im Zweifelsfall zuerst das Militär
versorgt wird.

Als ich den Frühstücksraum verließ, sprangen die jungen
Männer in der Rezeption hastig und wie ertappt aus schweren
Sesseln auf und schauten verlegen. Viel älter als zwanzig
waren sie kaum. Auf dem Fernsehschirm, vor dem sie gesessen

hatten, waren dagegen ältere Männer in grünen Uniformen zu sehen, die geschniegelt und schwitzend unter Sonnenschirmen standen und auf Kinder mit Blumensträußen herablächelten. Diese Art Bilder kannte ich aus Dokumentationen über staatliche Propaganda aus der DDR, aus Kuba, aus Nordkorea. Es sind Bilder, die wegen ihrer schwerfälligen Leichtigkeit befremden. Die Absicht ist klar, und das wirkt falsch und verlogen.

Ich grüßte die jungen Männer freundlich und stieg mit leichten Beklemmungen die Holztreppe hinauf. Oben, in meinem riesigen Zimmer, hatte schon jemand das Bett gemacht und die Fenstervorhänge zugezogen. In dem ebenfalls riesigen Kühlschrank lagen frische Wasserflaschen. Ich fühlte mich umsorgt. Draußen war es schon sehr heiß.

Dann machte ich mich an die Vorbereitungen. Ich schloß die Zimmertür ab, überprüfte, ob sie wirklich verriegelt war, und breitete alles, was ich brauchte, auf dem Bett aus. Nichts davon durfte ich sehen lassen, denn was ich vorhatte, war verboten in diesem Land. Weil ich ganz sicher gehen wollte, schaltete ich den winzigen digitalen Recorder noch einmal ein und machte zwei, drei Probeaufnahmen. Die Batterien waren nicht mehr ganz voll; vorsichtshalber begann ich sie auszutauschen. Ich durfte keine technischen Pannen riskieren, jetzt, vor den Interviews, die ich so lange geplant hatte. Das Wagnis, das ich dabei einging, war nicht gering. Weniger für mich als für meine Gesprächspartner. Als die Batterien erneuert waren und ich mir noch einmal die Adresse meiner ersten Verabredung einprägen wollte, klopfte es heftig an die Tür.

Oh Gott!

Halb in Panik wühlte ich alles, was auf dem Bett lag, unter das Laken. Auf dem Weg zur Tür drehte ich mich noch einmal um und überprüfte, ob nichts mehr zu sehen war. Dann öffnete ich.

Vor der Tür standen die jungen Männer aus der Rezeption und schauten gewohnt verlegen. Alle ließen sie die Arme herunterhängen, zwei oder drei hielten mit der linken Hand ihren rechten Ellenbogen. Und alle traten sie dabei von einem Fuß auf den anderen, wie autistische Elefanten. Ein seltsames Bild!

In ihrer Mitte Kyaw, der Manager, kaum älter als sein Personal; ein höflicher Mensch, dem es jedesmal unangenehm war, wenn er mir eine gewünschte Auskunft nicht geben konnte. Dann schaute er mich zunächst forschend an, als wolle er nichts überhören von der Tiefgründigkeit meiner Frage, zog dann nacheinander ein oder zwei oder mehrere Schubladen auf, schaute tief in sie hinein und suchte irgendetwas – und wenn ich, sobald er wieder aufschaute, immer noch da stand und fragend guckte und mich leider noch nicht entfernt hatte, zuckte er kaum wahrnehmbar mit den Schultern, als wolle er ja keine heftige Reaktion hervorrufen.

Hinter ihm und seinen Jungen warteten sechs oder sieben andere in dunkelblauen Uniformen. Die Jacken kurz und eckig, die Hosen scharf gebügelt. Einer wollte gleich an mir vorbei drängeln, wurde aber von einem anderen zurückgehalten, der mich freundlich in sehr schlechtem Englisch ansprach. Ob sie sich mein Zimmer ansehen dürften? Er lächelte, und daraufhin lächelten alle anderen auch.

Ich trat zur Seite und lud sie mit einer Handbewegung ein; etwas anderes blieb mir nicht übrig. Gleichzeitig entschuldigte ich mich, dass das Bett noch nicht gemacht sei. Und bemerkte zu meinem Schrecken, dass das Laken nicht alles verdeckte: Das Kopfmikrofon lag deutlich sichtbar nicht darunter, sondern in schöner Offenheit daneben. Ich war so stolz auf diese Anschaffung gewesen, weil sie so etwas Gewagtes, Verschwörerisches hatte. Nun war es zu spät, sie verschwinden zu lassen.

Die Uniformierten schauten sich um. Sie zogen die Fenstervorhänge auf und wieder zu, blickten an den Gardinenstangen hoch und hinter den Schrank, bedachten sich gegenseitig mit skeptischen Blicken und klopften die Wände ab. Einer hatte plötzlich einen Zollstock in der Hand und nahm ein paar Messungen vor; ein anderer schrieb die Zahlen, die er nannte, neben der Tür an die Wand. Dann schauten sie sich alle zuerst gegenseitig an, dann mich. Der eine sagte laut und selbstbewußt „Thank you, Sir!" und alle anderen sagten auch genauso laut und genauso deutlich „Thank you, Sir!", bevor sie im Gänsemarsch mein Zimmer wieder verließen. Kyaw, der Manager, lächelte mich erleichtert an und zog die Tür von außen zu.

Ich atmete tief durch und versuchte zu verstehen, was vorgefallen war.

„Das waren die Vietnamesen, die das Haus gekauft haben.", klärte Kyaw mich auf, als ich eine halbe Stunde später in die Stadt aufbrechen wollte und das Gespräch mit ihm suchte. Dann kroch er fast in sich selbst hinein und fragte verschämt, wann genau ich wieder abreise.

Ich verstand diese Frage nicht, denn ich hatte bei meiner Ankunft ja die visitors card ausgefüllt und natürlich auch das Abreisedatum angegeben. „Yes, Sir!" sagte er und kramte die visitors card aus einer der Schubladen, nannte das Datum und war ganz offensichtlich tief erleichtert darüber, dass ich das Datum noch einmal bestätigte. „You need taxi?"

Ich wollte keines, wollte mich vielmehr tiefer in diese Stadt hineinstürzen und fragte nach Busverbindungen ins Zentrum. Die Haltestelle lag nur wenige hundert Meter vom Hotel entfernt. Kaum hatte der Bus angehalten, zog mich einer der beiden Schaffner hinein in die Menschentraube, die so dicht war, dass ich mit der Hand kaum an mein Portemonnaie in der Hosentasche gelangen konnte. Ich hatte das Gefühl, dass alle auf den nagelneuen Schein starrten, den ich dem Schaffner gab. Der prüfte ihn, steckte ihn einmal gefaltet in sein Hemd und überraschte mich mit einem ganzen Bündel Wechselgeld, das er sorgfältig durchblätterte, schließlich einen Schein zurückbehielt und mir alle übrigen entgegenstreckte. Es waren Scheine, wie ich sie noch nie in der Hand gehabt hatte, die aber ihrerseits schon durch tausende Hände und Taschen gegangen sein mussten: sie waren weich wie Seide, so dass ich sie kaum glatt zu streichen wagte, als ich später in einem teashop saß. Ihre ursprüngliche Farbe war nicht mehr zu bestimmen, die Zahlen kaum zu erkennen.

Der Tag verging wie alle folgenden auch. Am Vormittag war er frisch, die Sonne schien, aber die Temperaturen hielten sich noch zurück. Überall entdeckte ich Neues. Die Unternehmungslust war ebenso groß wie die Bereitschaft, alles wohlwollend aufzunehmen und ins Gedächtnis einzuprägen. Was für eine Lebenskraft äußerte sich in den Schreien der Busbesatzungen, mit denen sie Fahrgäste anlockten! Was für eine power hatten die Frauen, die am Straßenrand ihre Kinder stillten und gleichzeitig ihre Erdbeeren anpriesen! Und was für ein Gefühl hatte ich, wenn ich eines der Häuser ohne Hausnummer verließ, in dem ich zwei oder drei Treppen ohne Treppengeländer emporgestiegen war und in irgendeinem verdunkelten Raum bei süßem Tee Antworten in meinen winzigen, digitalen Recorder gesammelt hatte!

Doch dann, wieder auf der Straße, war es anders. Die Hitze war fest und schwer geworden, und die Schreie der Schaffner und der Marktfrauen nunmehr lästig. Andere wurden aufdringlich: die money-changer, die mich auf eine dümmlich vertrauliche Art angingen. Die Bettlerinnen, die mit offenem, blutroten Mund den Weg verstellten und an meinem Jackett zupften; eine von ihnen, die völlig verwahrlost war, unfaßbar dürr und halbnackt, stolperte minutenlang neben mir her, redete unentwegt auf mich ein und blieb kopfschüttelnd zurück, als sie die Erfolglosigkeit ihres Tuns endlich erkannt hatte. Die Bürgersteige waren plötzlich von gefährlichen Löchern übersät. Ich sah mich nach einem Taxi um und fuhr zurück ins Hotel.

Als ich etwas erschöpft in die Rezeption trat, schauten die jungen Männer verlegen wie immer, doch irgendetwas hatte sich verändert. Die Sessel, aus denen sie aufsprangen. Die Sessel waren nicht mehr da! Kyaw, der Manager, schob mir aufmunternd lächelnd einen Korbstuhl vor den Fernseher und bot chinesischen Tee an, den er aus einer hauchdünnen chinesischen Kanne in eine hauchdünne, drachenverzierte Schale rinnen ließ. Er freute sich, dass er mir etwas anbieten konnte. Und seine jungen Männer freuten sich, dass es mir schmeckte.

Im Fernsehen sprach ein älterer Mann in Uniform. Er saß mit seinem ballonartigen Bauch in einem massiven, hölzernen Sessel, hatte seine Arme auf den Lehnen ausgestreckt und starrte unentwegt in die Kamera. Außer seinem Kinn schien sich nichts zu bewegen. Wenn er eine Pause machte, wurden einzelne Zeitungsseiten eingeblendet.

Auch auf dem kleinen Tisch, der neben meinem Stuhl stand und gerade noch leer gewesen war, lag plötzlich eine Zeitung. Ich schaute Kyaw etwas verständnislos an, denn er hatte sie ganz offensichtlich dahin gelegt, um meine Aufmerksamkeit darauf zu lenken.

„Election laws", sagte er leise und biß schnell seine Lippen zusammen, als habe er einen Fehler gemacht, der noch zu verhindern sei. Dennoch klang es gleichzeitig respektvoll und verächtlich, als er auf den Fernseher zeigte, der gerade erneut eine Zeitungsseite eingeblendet hatte, und noch einmal sagte: „Election laws!"

Während ich darüber nachdachte, ob ich mit ihm offen über das sprechen könne, was mich in diese Stadt geführt hatte, tauchte der Vietnamesentrupp vom Vormittag wieder auf. Er durchquerte im Gänsemarsch die Rezeption, verließ das Hotel ohne Gruß, stieg in einen Kleinbus ein und fuhr ab.

Ich bedankte mich für den chinesischen Tee und stieg die schöne Teakholztreppe hinauf in den ersten Stock. Leider, das fiel mir sofort auf, lag der riesige Teppich nicht mehr in der Veranda vor den Zimmertüren. Stattdessen waren dicke Staubschlieren in den Ecken zu sehen, und wo der Teppich gelegen hatte, war der schöne Holzboden staubgrau. Ungewöhnlich in diesem Haus, in dem so viel Sauberkeit herrschte und der Manager genauso wie seine jungen Männer in regelmäßigen Abständen all die Lackmöbel mit feuchten Tüchern abwischten.

Merkwürdig auch, dass die Tür zu meinem Zimmer nicht abgeschlossen war! Hatte ich es am Morgen vergessen, als ich in die Stadt aufgebrochen war? Bei der hastigen Überprüfung der Gepäckstücke, der Schublade und des Schrankes stellte sich aber heraus, dass nichts fehlte.

In der Nacht träumte ich von einem großen Garten, in dem ich allein auf einer Bank saß. Der Garten war von einem hohen Stahlgitter umgeben, vor dem sich hunderte Menschen drängten und mich anstarrten.

Am nächsten Morgen, als ich die Treppe hinunterstieg, um zu frühstücken, waberten zarte Qualmfädchen von Räucherstäbchen durch die Rezeption. Genau gegenüber dem Fernsehapparat war ein flacher, vergoldeter Tisch mit geschwungenen Beinen aufgebaut, beladen mit Früchten auf silbernen Schüsseln und üppigen Blumengebinden. In der Mitte, zentral, das Foto eines Mönches unter Glas. Das Glas hatte einen Sprung. Von Kyaw und seinen jungen Mänern war niemand zu sehen.

Erfreut über die Abwechslung betrat ich den Frühstücksraum. Dort stand nur ein Tisch. Ich wunderte mich. Aber er schien meiner zu sein, denn er war mit zwei kalten Spiegeleiern und dem üblichen Drumherum gedeckt.

Als ich bedächtig zu essen begonnen hatte, fuhr ein Lastwagen vor und hielt vor dem Eingangsportal. Durch die

Spalten in den Fensterläden war zu erkennen, wie mehrere Mönche von der Ladefläche sprangen; kurz darauf klappten ihre Sandalen durch die Rezeption. Dann wurden weiße Plastiksessel abgeladen und ins Haus getragen. War es ein buddhistischer Feiertag? Kyaw, der die Mönche, die auf den Plastiksesseln Platz genommen hatten, mit Trinkwasser und einem großzügigen Imbiß versorgt hatte, erklärte mir etwas von einem Ritual zum Segen des Hauses. Ich freute mich, nicht in einer dieser Hotelketten zu wohnen, und machte mich auf in die Stadt.

Im Bus hatte ich Zeit zum Nachdenken. Und selbstverständlich stand ich schon bald vor dem alten Rätsel, das mich immer wieder ratlos macht: Warum fühle ich mich so wohl in diesem Teil der Welt? Was ist so packend daran, wie ein Stückchen Papier in einem breiten Strom zu treiben und abzuwarten, wo man hängenbleibt?

Vielleicht ist die Unsicherheit ein Teil der Antwort. Die Erfahrung, dass ich mich treiben lassen kann im Vertrauen darauf, zur rechten Zeit wahrgenommen zu werden. Ist das ein winzig kleiner Zahn im Rad der Lehre? Die Freude an allem, das ich nicht beeinflussen oder gar ändern kann? Nicht verantwortlich zu sein? Die Zuversicht, dass alles einen Sinn hat, den ich zu gegebener Zeit erkenne oder nicht? Der sich endlos wiederholende Neubeginn, wenn nach einem brutal heißen, oft verfluchten Nachmittag und verschwitzter Nacht ein sanfter, versöhnlicher Morgen kommt, an dem alles möglich scheint?

Ich wechselte das Standbein und trat dabei versehentlich einem Mann auf die Zehen. Auf die Zehen, denn er hatte keine Schuhe an. Auf dem mir zugewandten Oberarm trug er ein Elefanten-Tatoo. Wie als Erklärung war darunter zu lesen: white elephant, der Schriftzug vom Älterwerden verzerrt. Noch bevor ich mich entschuldigen konnte, lächelte er mich an. Es war ein demütiges, aber kein devotes Lächeln. Die schwarzen Zähne und der blutrote Gaumen erschreckten mich nicht, denn sein Lächeln war wie ein Zuspruch, und es trug mich hinauf auf eine Wolke und beendete meine Grübelei. Als er kurz darauf ausstieg, lächelte er mich noch einmal an.

Den ganzen heißen Tag über blieb ich auf der Wolke.

Am Abend empfing Kyaw mich mit einem anderen Lächeln. Traurigkeit lag darin. Aber er ließ mich die Treppe hinaufsteigen, ohne mich anzusprechen. Er wusste ja, was mich erwartete: Sämtliche Zimmertüren standen offen, bis auf meine; alle Räume schienen vollkommen leer zu sein. Auf der Veranda stapelten sich Bettzeug und Matratzen. Ich wollte kehrtmachen und wieder hinunter zu Kyaw, doch er stand bereits hinter mir. Er war kaum in der Lage zu fragen, was er mich fragen musste: Ob ich vielleicht für die letzten Nächte in ein anderes Zimmer ziehen könne? Die Vietnamesen, die das Haus gekauft hatten, wollten morgen schon in diesem Teil mit dem Umbau beginnen.

Sofort waren drei der jungen Männer da und halfen mir beim Packen. Kyaw schien sehr erleichtert, jetzt lächelte er das richtige Lächeln. Was aus ihm würde, wollte ich wissen, wenn ich abgereist sei? Und aus seinem Personal? Er übersetzte die Fragen in die Landessprache, und die drei Jungen lächelten verlegen an mir vorbei, genauso wie Kyaw. Dann griffen sie sich meine Sachen und trugen sie im Gänsemarsch hinüber in mein neues Zimmer. Einem blieb nur noch die Zahnbürste und das Rasierzeug aus dem Bad. Ich musste lachen, als er so schwer bepackt an mir vorüberzog, und er lachte mit mir.

Vor ein oder zwei Jahren hatte ich einmal ein Foto aus Shanghai gesehen: eine riesige Baustelle, aus der Hochhäuser wuchsen - nur in der Mitte war ein kleines Häuschen übriggeblieben, weil der Eigentümer sich geweigert hatte, es zu verkaufen. In so einer Situation befand ich mich auch. Mein großzügiges Zimmer, das ich hatte verlassen müssen, erkannte ich schon einen Tag danach nicht mehr wieder. Sämtliche

Teppiche waren entfernt, Tapeten herunter- und Zwischen-
wände eingerissen. Die Möbel aus der Rezeption waren vor das
Haus getragen und warteten auf Abtransport. Und von den
jungen Männern war niemand mehr zu sehen. Kyaw erklärte
mir, dass sie sich bereits nach einem neuen Job umsähen. Er
selbst bliebe bis zu meiner Abreise.

So hatte ich also meinen eigenen Hotelmanager!

Am letzten Abend meines Aufenthaltes, als ich aus der
Stadt zurückkam, war sogar der Name des Hotels über dem
Haupteingang abmontiert. Und selbst in mein neues Zimmer
hatte der Wandel schon Eingang gefunden; eines der beiden
Betten war verschwunden. Zum erstenmal fühlte mich fehl
am Platze und war angenehm überrascht, dass noch Wasser
aus der Leitung kam. Dass ich in dieser Nacht nichts träumte,
konnte ich mir kaum erklären.

Der Tag meiner Abreise begann schlecht. Im Frühstücksraum, oder was davon übriggeblieben war, war nichts gedeckt.
   „Oh, sorry!", hörte ich jemanden sagen - es klang wirklich sorry! Kurz darauf wurde mir ein Teller hingestellt. In
der kleinen Küche nebenan zischte es großzügig, und dann
kamen die Spiegeleier. So heiß, dass ich mir die Zunge hätte
verbrennen können.
   Als ich mit noch mehr Genuß als am ersten Morgen aß,
wurde es um meinen Tisch herum sehr lebendig, und plötzlich standen alle jungen Männer um mich herum. Auch Kyaw!
Er fragte mich höflich, ob ich zum Abschied eine Cola trinken
möchte? Oder einen Red Bull? Es tat mir fast leid, nein sagen
zu müssen. Aber es war gut so, denn „ersatzweise" erhielt ich
ein Glas frischen Orangensaft.
   Beim Frühstücken so vorbehaltlos angestarrt zu werden,
ist ungewohnt. Es schien mir, als könnten sie es alle nicht
erwarten, endlich den leeren Teller abzuräumen. Und tatsächlich: kaum hatte ich den letzten Bissen in den Mund gesteckt,

klatschten sie in die Hände, rissen mich vom Stuhl, stellten mich in ihre Mitte und machten mit ihrer Polaroidkamera ein Photo nach dem anderen, wobei die Fotographen nach jedem Bild wechselten. „Thank you!" riefen sie jedesmal ausgelassen, wenn endlich der Auslöser gedrückt war. Denn in den sich manchmal ewig lang hinziehenden Sekunden vorher hatten sie allesamt dagestanden wie Figuren aus Stein: regungslos in Körper und Gesicht.

Mein Gepäck wartete bereits in der Rezeption, die keine mehr war. Ich zahlte die Rechnung, verteilte Trinkgelder und bat um ein Taxi zum Flughafen. Kyaw sagte, es sei bereits da. Er nahm meine Reisetasche, trug sie hinaus, verstaute sie im Kofferraum eines uralten, riesigen Buicks. Das sei seiner, erklärte er, als er mein erstauntes Gesicht sah. Er hoffe, dass er es noch bis zum Flughafen schaffe, denn er sei seit Monaten keinen Meter mehr gefahren. Aber heute sei ein besonderer Tag. Und dann sprach er einen sehr, sehr langen Satz auf Englisch: „This hotel eighty-six years old. You last guest coming hotel! Very happy!"

Ob er damit sich und seine jungen Männer oder mich gemeint hat, weiß ich nicht.

Das Flugzeug muss beim Start über das ehemalige Hotel geflogen sein. Aus der Luft konnte ich es nicht mehr erkennen.

Willkommen?

Wie vor vielen Jahren, nach der ersten Reise nach Birma, ist es mir auch diesmal ergangen: gerade dieses Land, gerade die Begegnungen mit Menschen in diesem Land sind mir erst im Nachhinein präsent geworden. Obwohl die Gespräche mit ihnen sehr intensiv gewesen sind. Gespräche über Repression und Unfreiheit, über Hoffnungen und Enttäuschungen seit vielen Jahrzehnten, über Sorgen, Perspektivlosigkeit und persönliche, sehr real begründete Ängste.

Aber: Was haben meine Gesprächspartner empfunden?
Hatten sie das Gefühl, ,auf Augenhöhe' mit mir zu sprechen?
War es überhaupt ihr Wunsch, mit mir zu reden? Und wenn nicht: warum haben sie es dennoch getan? Was haben sie mir anvertraut – und was nicht?
Wie willkommen war ich ihnen?

Zum „Besuch" wird man erst durch eine Einladung. Doch eine mündliche oder gar schriftliche Einladung habe ich nie bekommen; ich bin aus eigener Entscheidung gereist und habe selbst meine Ziele ausgesucht.
Hätte ich also nicht reisen dürfen?
Habe ich mich aufgedrängt?
Waren nur meine Devisen gewünscht?

Ohne Initiative des einen von beiden kommen beide nicht zusammen. Kulturelle und wirtschaftliche Verschiedenheiten sind dabei ganz natürlich. Entscheidend ist, wie die Begegnung gestaltet wird. Welche Achtung und Respekt man seinem Gesprächspartner entgegenbringt, dass Rücksichten auf ihn genommen werden. Dass man Menschen, denen man

begegnet, nicht sofort und ohne zu fragen seine Spiegelre-
flexkamera vor die Nase hält (was man umgekehrt genau so
erwarten darf!). Dass man Menschen, die nicht gerade begü-
tert sind, nicht sein mit Dollarscheinen gespicktes Portemonnaie entgegenstreckt. Und dass man sich selbstverständlich den lokalen Gepflogenheiten anpaßt (ohne seine eigenen
deshalb zu vergessen).

Dass man dabei selbst in Mitleidenschaft gezogen wird,
muss man einkalkulieren. Doch auch das darf kein Grund
sein, anderen von vorneherein zu mißtrauen.

Armes Schwein
(Thailand)

Glück und Verzweiflung können nah beieinander liegen; diese Erfahrung habe ich besonders in asiatischen Ländern gemacht. Vielleicht liegt es daran, dass wir so vieles dort nicht verstehen und deshalb unsicherer sind. Unsere Gefühle jagen dann von einem Extrem ins andere.

In Yogyakarta z.B. habe ich miterleben müssen, wie ein Kanadier seine Frau verlor, mit der er auf Hochzeitsreise war. Als ich am frühen Abend im Hotel eintraf, sah ich die jungen Leute miteinander turteln. Sie fielen mir auf, weil beide so viel Glück im Gesicht hatten. Doch beim Frühstück am nächsten Morgen schlug die junge Frau plötzlich um sich und fegte das Geschirr vom Tisch. Ihr Mann reagierte entsetzt, war hilflos. Einem europäischen Arzt, der unter den Gästen war und helfen wollte, schrie sie üble Schimpfwörter entgegen. Zu Hilfe gerufene Sanitäter zwangen sie schließlich zu Boden, fesselten sie und brachten sie ins Krankenhaus. Der Hotelmanager bat mich, als Zeuge dabei zu sein, wenn er das Gepäck der Kanadier zusammenpacken würde, um es zum Flughafen zu schicken.

In Bangkok war es ein kleiner Zettel. Eine mit der Hand geschriebene Anzeige, die meine Phantasie so heftig anregte, dass ich mehrere Nächte lang Alpträume hatte. Der Zettel, ein herausgerissenes Blatt aus einem Taschenkalender, hing in der Post. „Wer hat unseren Sohn gesehen?" Er hatte sich seit vielen Wochen nicht mehr bei seinen Eltern gemeldet und wurde von ihnen gesucht. Welches Schicksal er wohl hatte? Ob sie ihn gefunden haben?

In beiden Fällen, und in vielen anderen, habe ich neben dem Entsetzen immer mein eigenes Glück empfunden. Das Glück, sorglos und gespannt auf wunderbare Erfahrungen eine Zeitlang aus meinem täglichen Leben ausbrechen und nur Schönes erleben zu dürfen. Auch an dem Tag in Bangkok, an dem sich diese Geschichte ereignete.

Es war 2010, an einem Freitag im März, als die Rothemden in der Nähe des Democracy-Monuments zu Tausenden ihr riesiges Lager aufgeschlagen hatten und gegen die Regierung demonstrierten. „Truth today!" forderten sie. Überall wurden rote Gürtel, rote Halstücher und rote Sonnenhüte verkauft. Und rote Hemden mit dem Profil des geschassten und wegen Korruption verurteilten ehemaligen Premiers Thaksin. Unter den weit gespannten Zeltplanen stapelten sich Türme von Reissäcken und Kartons mit Hühnereiern. An Touristen wie mich wurde „free drinking water" verteilt; hin und wieder auch an die in voller Ausrüstung in den Nebenstraßen campierenden und durchgeschwitzten Männer der riot-police. „Truth today!" Überall herrschte eine zuversichtliche, fröhliche, bisweilen sogar ausgelassene Stimmung, so dass mir der Mann, der da zwischen den langen Tischen auf einem Bordstein saß, sofort auffiel.

Er hatte das linke Bein von sich gestreckt, auf die Straße, und weil er eine kurze Hose trug, fiel sofort ins Auge, warum er nicht hineinpaßte in die Fröhlichkeit seiner Umgebung. Das Bein sah nämlich ganz schrecklich aus. Es war über und über bedeckt von Blutergüssen und blauen Flecken, an manchen Stellen schimmerten feucht großflächige Wunden. Der Mann, ein farang, ein Ausländer, war gerade damit beschäftigt, einige Stellen aufmerksam mit einer Creme zu bestreichen, was heftige Schmerzen zu verursachen schien. In seinem Gesicht verzogen sich immer wieder urplötzlich die Muskeln und sein Oberkörper schreckte zurück, so als sei er mit siedend heißem Wasser in Berührung gekommen. Seine Empfindungen übertrugen sich auf mich. Ich konnte den Blick nicht wieder losreißen von diesem Elend – jedenfalls nicht schnell genug, denn als er einmal hochsah, begegneten sich unsere Augen. Er schaute mich nur kurz an und widmete sich dann wieder seinem Bein.

Ich ging noch ein paar Minuten ziellos die Straße hinunter. An einer Bühne in einer Wolke von roten Tüchern blieb ich stehen und hörte einem Redner zu. In Gedanken war ich aber immer noch bei dem farang und seinem verletzten Bein. Schließlich zog es mich zurück zu ihm. Ich war beinahe froh, dass er mich diesmal länger anblickte. Als ob er mich auffordern wolle, ihn anzusprechen.

„Where are you from?", fragte ich die hier tausendmal am Tag gestellte Frage.

Er begann seine Antwort in einem mühsamen Englisch, brach dann ab und sagte in berlinerischem Tonfall: „Sind Sie Deutscher?"

Dass er sich als Deutscher zu erkennen gegeben hatte, appellierte an meine Solidarität. Ich erkundigte mich nach der Ursache seiner Verletzungen und hörte die folgende Geschichte:

Mike, so hieß er, war auf den Rat eines Freundes in den Osten des Landes gereist, in den Isan, nach Surin. Das ist eine kleine Stadt an der Bahnstrecke nach Ubon Ratchathani. In Surin, das von jeglichem Tourismus vollkommen unberührt ist, hatte er ein paar schöne Tage verbracht. Er hatte sich kleinere, kulturhistorisch unbedeutende Tempel angeschaut und auf einem Tagestrekking mit Hilfe eines Einheimischen eine Höhle besucht, in der es etliche sehr alte Tierzeichnungen an den Wänden gibt. Eines dieser Bilder in einem blassen Rot sei mehr als dreitausend Jahre alt. Es zeige eine Gruppe von Wasserbüffeln auf der Flucht vor Jägern mit Speeren, unglaublich differenziert gemalt und …

Ich wurde etwas ungeduldig, als er diese Zeichnungen im Detail zu beschreiben anfing, denn ich wollte endlich wissen, wie er zu seiner Verletzungen gekommen war. Auf dem Bahnhof, sagte er. Auf dem Bahnhof von Surin habe ihn eine Gruppe von jüngeren Leuten umringt. Einer habe ihm plötzlich einen Baseballschläger vors Bein geschlagen, mehrmals, und als er am Boden gelegen habe, seien sie alle über ihn hergefallen und hätten ihm alles weggerissen, was nur irgendeinen Wert gehabt habe. Glücklicherweise habe er Hilfe von zwei Gleisarbeitern erhalten, die ihn auch ganz rührend mit ihrem eigenen PKW in ein Krankenhaus gefahren hätten.

Ja, und dann?

Dann habe er ein gute Woche dort gelegen. Praktisch ohne Verständigungsmöglichkeit, denn Englisch habe dort niemand gesprochen. Erst an diesem Morgen sei er mit dem Zug nach Bangkok gekommen. Nicht mal Geld habe er zum Bezahlen gehabt, doch die Leute im Krankenhaus hätten ihn angelächelt und großzügig mit Reiseproviant besorgt.

Und nun?

Ja, er sei bereits am Airport ausgestiegen und habe seinen Flug mit Air Berlin glücklicherweise auf heute abend umbuchen können, weil er so schnell wie möglich nach Hause wolle, nach Berlin. Das heißt, er habe die Umbuchung reserviert, müsse dafür aber noch 100 Euro zahlen.

„Und die haben Sie nicht mehr?", fragte ich und dachte natürlich im selben Augenblick daran, dass das eine raffinierte Masche sei. Vielleicht.

Innerlich ging ich auf Distanz. Und er zuckte die Achseln.

„Fahren Sie zur Deutschen Botschaft", schlug ich ihm vor, „die müssen Ihnen helfen!"

„Da komme ich gerade her. Die haben mir 1000 Bath gegeben als Nothilfe. Damit ich was essen kann."

Ich war empört.

„Haben Sie denn nicht Ihren Reisepass gezeigt? Mit Ihrer Adresse in Deutschland? Die können das doch überprüfen; die können Sie doch nicht hängenlassen. Die sind doch verpflichtet, Ihnen zu helfen!"

Mike zuckte wieder mit den Achseln und beschrieb etwas lethargisch seinen Auftritt in der Botschaft. Ich erkannte in seiner Schilderung eine Angestellte wieder, mit der ich selbst schon einmal eine unerfreuliche Begegnung hatte.

„Sie haben gesagt, dass sie nicht dazu da sind, jedem Touristen, der nicht auf sich aufpaßt, finanziell unter die Arme zu greifen."

„Und was schlagen sie vor?"

„Dass ich mir Geld schicken lasse. Aber das dauert zwei Tage. Und wenn ich nicht heute abend fliege, komm' ich erst nächsten Sonnabend hier weg, wie geplant."

Er scheuchte ein Insekt von seinem Bein. Wir schwiegen.

Ich hätte ihn gerne an einen Eßstand eingeladen. Aber er sagte, dass ihm der Appetit vergangen sei. Dann rappelte er sich auf, verabschiedete sich und humpelte davon.

Natürlich ging ich hinterher.

„Soll ich Ihnen die 100 Euro leihen?"

Er drehte sich abrupt zu mir. „Das wollen Sie tun?"

Er zog ein paar zusammengefaltete Papiere aus seiner Hosentasche und entfaltete sie.

„Hier, mein Reisepass, eine Kopie."

Er hielt mir das Blatt hin und dann sofort noch eines. „Mein Flugticket". Die Namen stimmten überein: Mike Kanonsri.

„Kanonsri?"

„Mein Vater ist Italiener. Aber ich bin in Berlin geboren."

Er wurde auf einmal ganz unruhig.

„Ich schicke Ihnen das Geld sofort zurück, wenn ich zu Hause bin."

Da ich mein europäisches Bargeld im Hotel aufbewahrte, bat ich ihn, mit mir dorthin zu gehen. Er zögerte keine Sekunde. Aber schnell gehen konnte er nicht. Die paar hundert Meter schienen ihn richtig fertigzumachen. Als wir in meinem Zimmer ankamen, war er naßgeschwitzt.

„Wollen Sie erstmal duschen?"

Nein, wollte er nicht. Er wollte lieber so schnell wie möglich zum Flughafen. Also gab ich ihm das Geld, und er schrieb mir seine Daten auf: Name, Adresse in Berlin, mail-Adresse, Telefon usw. Mir war es fast peinlich, dass er in seiner Situation alles tat, um mich zu beruhigen. Als ob er ein Betrüger sei! Oder schlimmer: als ob ich ihm mißtraue.

Ich gab ihm das Geld und brachte ihn zu einer Bushalte-stelle. Ein Bus, der Richtung Airport fuhr, war gerade weg. Also setzten wir uns in den Schatten eines Hauseingangs. Er zog eine Zigarettenpackung aus der Hosentasche.

„Meine letzte Zigarette!", sagte er und lachte. „Buchstäblich!"

„Armes Schwein!", dachte ich und lachte. „Wann werden Sie in Berlin sein?"

Da kam der Bus. Mike stand mühsam auf und gab mir die Hand. Ich wünschte ihm eine gute Reise und viel Glück. „Ich glaube, es hat gerade begonnen!", antwortete er leise und stieg in den Bus.

Dann war er weg.

Das Wochenende verging. Aber auch am Montag früh, auch Dienstag früh hatte ich noch keine mail von Mike aus Berlin. Da gab ich einfach so seinen Namen bei Google ein, Mike Kanonsri, und las gleich an erster Stelle: „Thailand, Bangkok: Die Masche von Mike Kanonsri."

Ich öffnete die Datei und las:

„Bin am 29.1. in Bangkok gelandet, und mich hat draußen beim Rauchen vorm Airport ein Deutscher angesprochen und erzählt, er wäre in Pattaya überfallen worden Geld, Pass usw. alles weg! Ob ich ihm 100 Euro für die Umbuchung seines Rückfluges geben könne! Er klang echt überzeugend, hatte auch eine Schramme am Hals. Er sagte, sie sei von einem Messer beim Überfall. Ich hab ihm das Geld gegeben ... Ich Depp !!"

Wie gerne hätte ich dem gebeutelten Herrn Kanonsri einen kräftigen Tritt vor sein demoliertes Schienbein gegeben! Aus Ärger, dass ich auf ihn hereingefallen war. Aus Wut über mich selbst, der ich so blöd sein konnte! Es war aber so glaubhaft und rührend, als er beim Abschied so leise und, wie es schien, demütig sagte, dass sein Glück wohl gerade begonnen habe ...

Inzwischen bin ich ihm in Maßen dankbar für die Lektion,

die er mir gegeben hat. Und eines ist mir sehr bewußt geworden: dass ich auf vielen, vielen Reisen nach Südostasien noch nie von einem Einheimischen betrogen worden bin. Noch nie! Trotz aller Vorurteile und Warnungen und bösen Geschichten, die aus irgendwelchen Ecken dringen. Und wie froh ich bin, dass ich auch im nächsten Jahr wieder nach Thailand reisen kann, ohne das zu fürchten.

Nur eines ist schade: dass dann jemand, der wirklich Hilfe braucht, vielleicht keine bekommt.

Armes Schwein, der!

Ungestillte Sehnsucht

„*D*amals mussten die Segelschiffe sich um das ungeheure Afrika herum monatelang quälen, von Stürmen gefährdet und von toten, langen Windstillen gelähmt, und es galt zu schwitzen und zu frieren, zu hungern und des Schlafes zu entbehren ..." (Hermann Hesse: Robert Aghion).

Heute fliegt man non-stop. Das hat die andere Welt, die man besucht, verändert. Es hat ihre Entwicklung beschleunigt und unserer Wahrnehmung die ‚Sensation' genommen. Wochenlange Schiffspassagen sind heute unvorstellbar, und die innere Vorbereitung auf das ‚Ziel' ist durch kurze Reisezeiten extrem verkürzt. Man fährt in Frankfurt mit einem Wintermantel zum Flughafen – und erreicht Bangkok einen halben Tag später und 30 Grad wärmer.

Doch durch die neue Nähe sind uns die Menschen in den asiatischen Ländern keineswegs im selben Tempo „vertrauter" geworden. Wer öfter reist, kann sogar die Erfahrung machen, dass sie fremder werden - obwohl man sie länger und länger kennt.

Timmy zum Beispiel.

Ende der neunziger Jahre habe ich sie in einer winzigkleinen Bar an der Ecke der Gasse kennengelernt, in der mein

Guesthouse lag. Ein Holztresen aus zusammengeleimten Brettern, ein paar Hocker, darüber eine Lichtergirlande, zwei oder drei schlichte Regale mit Alkoholika, ein riesiger Kühlschrank, ein Bild des Königs an der Wand. Die Flasche Bier unverschämt billig.

Timmy war nicht der Typ der vollschlanken, aufgemotzten Schwalbe, die man in einer thailändischen Billigbar erwartet. Timmy hatte zwei Kinder und drei Berufe. Sie war klein und eher dick, hatte keine sorgsam gepflegten Haare, suchte aber ein ernsthaftes Gespräch. (Bei ihr habe ich gelernt, dass man das Bier mit Eiswürfeln trinken kann.) Sie interessierte sich ernsthaft für meine Tochter und für mich, und sie erzählte unaufdringlich von sich und ihren Kindern und ihren Plänen. Es war so angenehm bei und mit ihr, dass wir beinahe jeden Abend noch auf einen Schlaftrunk zu ihr gingen. Und als wir abreisen mussten, kannten wir uns so gut, dass sie uns mit ihrem schweren amerikanischen Straßenkreuzer nicht nur zum Flughafen kutschierte und mit Geschenken eindeckte, sondern am Vorabend auch noch als Gäste in ihre Sendung einlud. Sie moderierte nämlich eine Musiksendung in einem Radioprogramm des thailändischen Militärsenders, ganz allein. ‚Selbstfahrer' nennt man das bei uns. Wir sahen sie durch die Glasscheibe des Studios sprechen und hörten ihre Stimme über den Lautsprecher außerhalb, bis sie plötzlich die Studiotür öffnete, uns hineinzog und nach unserem Lieblingslied fragte. Bei der nächsten Ansage kündigte sie zwei Freunde aus Jschöraman, aus Deutschland an, nannte dabei unsere Namen und lockte ein paar Worte aus uns heraus. Dann kam das von uns gewünschte Musikstück. Und wir waren tief bewegt.

Aus Deutschland versuchten wir den Kontakt mit Timmy, die wir zu schätzen gelernt hatten, per Post zu halten. Aber das war nicht ihre Sache. Mit den e-mails, ein paar Jahre später, ging es leichter, doch auch da meldete sie sich irgendwann nicht mehr. Bis meine Tochter Nachricht bekam, dass Timmys gleichaltrige Tochter bei einem Verkehrsunfall ums

Leben gekommen war.

Als ich Timmy im Jahr darauf wieder traf, war sie verändert. Ihre Gesichtszüge waren starrer geworden, ihre Sprache noch langsamer, ihr Lächeln weniger leicht. Sie litt unter dem Tod ihres Kindes.

Das Moderieren hatte sie aufgegeben und stattdessen ihr drittes Standbein, die Massage, ausgebaut. Sie hatte einen kleinen Schuppen angemietet und angefangen, junge Leute in der Thai-Massage auszubilden. Doch das schien nicht sehr erfolgreich zu sein, denn schon ein oder zwei Jahre später hatte sie diese kleine ,Schule' aufgegeben und eine größere Bar in einer sehr günstigen Stadtlage eröffnet. Leider sammelten sich dort immer mehr nicht gerade attraktive Gestalten an, und Timmy hatte ein zu gutes Herz, um sie von sich fernzuhalten.

Parallel dazu gelang es ihr, noch einmal eine größere Massageschule aufzumachen. Und noch einmal kurz ,aufzublühen'. Doch dann wurde sie immer stiller. Wenn ich sie besuchte, fanden wir kaum noch Gesprächsstoff. Wenn ich am Ende meiner Reise Batterien übrig hatte, die ich nicht für mein Aufnahmegerät gebraucht hatte, überließ ich sie ihr. Und noch in meiner Gegenwart gab sie sie gleich weiter an ihren Sohn, den sie über alles verwöhnte, der aber immer schlaffer wurde. Er nahm nur noch von seiner Mutter ohne ihr etwas zu geben.

Das Geschenk, das ich ihr beim letzten Besuch aus Deutschland mitgebracht hatte, hat sie kaum wahrgenommen. Sie nahm es entgegen und verstaute es in seiner Verpackung unter dem Tresen. In ihrem Gesicht konnte ich nicht mehr die Wiedersehensfreude entdecken, die sie mir in den vorausgegangenen Jahren geschenkt hatte. Es war ein stumpfes, lebloses Gesicht geworden. Freudlos schien es. Hoffnungslos.

Nach vielen Jahren des Glücks, das ich in Thailand immer wieder erfahren hatte, war dies die erste traurige Erfahrung. Ein Mensch, der so hoffnungsvoll in die Zukunft geblickt hatte, war zerbrochen.

Na und? Das gibt es woanders doch auch, kann man dazu sagen. Doch Timmy war nicht irgendein beliebiger Mensch.

Für mich war Timmy „Thailand" geworden, mit all ihren am Anfang unserer Freundschaft so wunderbaren Eigenschaften.

So ähnlich wie Sam.

Sam kannte ich seit Beginn der 90er Jahre. Ein junger Thai, der sich für die Freiheitsbewegung in Birma engagierte. Mit stillem, aber intensivem Kontakt zu den Minderheiten im thai-birmesischen Grenzgebiet.

Bei einer gemeinsamen Recherche-Reise in das Hauptlager der aufständischen Karen habe ich ihn schätzen gelernt. Seine präzise Planung, seine Zuverlässigkeit, seine Bescheidenheit, sein analytischer Verstand und sein trockener Humor hatten es mir angetan. Jedesmal, wenn ich in die Nähe seines Wohnortes kam, versuchte ich ihn zu besuchen. Der Kontakt hielt. Sam besuchte uns sogar in Deutschland, und über ihn enstanden Kontakte zu birmesischen Flüchtlingen.

Von Jahr zu Jahr wuchs meine Hochachtung vor diesem Mann. Er lebte unauffällig. Wenn ich ihn anrief, verabredete er einen Treffpunkt mit einem seiner Mitarbeiter, der mich dort abholte und mit einem Moped in seinen ‚Hinterhof' brachte. Das war ein Haus seiner Mutter, in dem Sam sich ein großes Büro eingerichtet hat. Dieses Haus lag in einem Gewirr von Gassen und war nur schwer wiederzufinden. Es war so etwas wie eine Informationswerkstatt, denn hier kamen Texte, Bilder und Filme zusammen, die mit der Demokratiebewegung in Birma, mit den Minderheiten Südostasiens und mit Umweltschutz zu tun hatten. Dafür setzte Sam sich persönlich ein. Ohne großes Aufheben. Auch mir war er immer eine entscheidende Hilfe, wenn ich Informanten für meine Arbeit brauchte. Und ich fühlte mich geehrt, wenn ich dabei das Vertrauen spürte, mit dem er mir Namen und Telefonnummern nannte.

Sam erzählte beinahe nie von sich selbst. Wenn ich ihn besuchte, stellte er mir seine Projekte vor. Vor allem Filme, die er gemacht oder betreut hatte. Das Filmen war zu seiner großen Leidenschaft geworden. Bei meinem letzten Besuch zeigte er mir ‚Burma VJ', eine Dokumentation aus dem

Bildmaterial von Videojournalisten, die während der sog. Safran-Revolution im Sommer 2007 auf den Straßen Ranguns heimlich gedreht hatten. Während die Dokumentation, eine Mischung aus Original-Aufnahmen mit nachgestellten Spielszenen lief, sprang er immer wieder auf und zeigte mit dem Finger auf Details, die ich nicht übersehen sollte. Wenn er sich zögernd wieder hingesetzt hatte, geriet er sogleich erneut in Unruhe: er lebte in diesem Film, der ihn immer wieder neu elektrisierte. Und er freute sich königlich, wenn ich ich Dokumentaraufnahmen und nachgestelltes Material nicht immer voneinander unterscheiden konnte; er empfand es als Beweis einer gelungenen Arbeit. Aber er ließ sich auch ohne Vorbehalte auf eine ausführliche Diskussion ein, die diese ‚Methode' in Zweifel zog.

Als Sam mir diesen Film zeigte, hatte ich keine Ahnung davon, dass er lebensbedrohlich krank war. Ich bin nicht einmal sicher, ob er es selbst wusste.

Aber als ich mich an diesem Tag von ihm verabschiedete, umarmte ich ihn. Ich war einfach glücklich, dass ich ihn kannte und wollte ihm das zeigen. Sam war das wohl ein bisschen peinlich; überschwängliche Gefühlsbezeugungen lagen ihm nicht. Er wand sich ein wenig.

5 Monate später erreichte mich die Nachricht von seinem Tod. Er war an Lungenkrebs gestorben. Auf der Suche nach einer Möglichkeit, meinen Gefühlen Ausdruck zu geben, fiel mir das Fest mit Namen Loy Krathong ein, bei dem kleine Flöße aus Bananenblättern mit Kerzen und Räucherstäbchen auf Seen und Flüssen ausgesetzt werden. Sie sollen die Verunreinigungen der Seele wegtragen. Ich war froh, dass ich so etwas Praktisches tun konnte, und es hat mich tatsächlich von einem Teil meiner Traurigkeit befreit.

Was suche ich in Asien?

Diese Frage hatte ich mir gestellt, und auf der Suche nach einer Antwort bin ich viele Wege in Gedanken noch einmal gegangen.

Von Anfang an, seit meiner Jugend habe ich den Traum von den Tropen geträumt. Doch Sumatra und Borneo sind nur Namen. Ihre grandiosen Wälder und Flüsse, ihre Schwüle, Blüten und Tiere hätte ich auch in Brasilien oder am Kongo finden können.

Auch das Selbstwertgefühl, das Zutrauen zu sich selbst, das durch die Entdeckung und „Bewältigung" einer fremden Welt gestärkt wird, ist nicht an eine exotische Region gebunden. Schwierige Situationen gibt es auch in Europa. „Kalkulierte Risiken" lassen sich überall eingehen. Und den Rausch, an einem anderen Ort ein anderer Mensch zu sein, finde ich ebenso an vielen Orten der Welt.

Dass Reisen die Möglichkeit ist neu anzufangen, das gilt nur für den Zeitraum der Reise. Mit der Rückkehr in die gewohnte Umgebung nimmt man seinen „Ballast" wieder auf und wird von der Vergangenheit wieder eingeholt.

Die wichtigste Rolle spielen die Menschen. Sie scheinen mir schneller näher zu kommen als zu Hause und bleiben dennoch so fern.

Wie der hilfsbereite und lernfreudige Sudirman auf Sumatra. Oder das zarte, leicht verhuschte Wesen mit dem straff gekämmtem Haar und dem strengem Blick im staatlichen Reisebüro von Mandalay. Oder K., der Deutsche in Hang Dong, der auf seinem Weg ein Thai zu werden gescheitert ist. Oder der Mönch im Tempel von Vientiane, der uns als

Geschäftsmann überraschte. Oder die Postkarten verkaufende Siangkhong im Tempelgelände von Preah Vihear. Gar nicht zu reden von Timmy, der Bar- und Radiofrau, von Sam, ohne den ich nicht ins Rebellenlager der Karen in Birma gelangt wäre und Darius, der mich zu seiner Familie nach Kalimantan mitgenommen hat. Und unserer Gast-Tochter N., die sich so tief ins europäische Leben gestürzt hat.

Mich begleiten die Bilder von Menschen in ärmlichster Kleidung, die allein mit einer Machete in der Hand oder einem uralten Luftgewehr lautlos am Rande einer Straße durch den Wald wandern und nicht einmal dem Auto hinterherschauen, das soeben an ihnen vorübergejagt ist und ihnen Staubwolken ins Gesicht gewirbelt hat. Menschen, die weit entfernt wie winzige Strichmännchen zeitlupenhaft und bedächtig wie Reiher durch ein riesiges Reisfeld schreiten, sich bücken, wieder aufrichten, bücken, stehen, strecken. Kinder, die am Rande der Dorfstraße wie Salzsäulen erstarren und nicht wissen, warum sie die Hand aufhalten, wenn ein Fremder vorbeigeht. Oder eine Frau, die reglos in einer Ecke ihres abgedunkelten Ladens sitzt und nicht zu grüßen wagt, bevor man sie entdeckt hat. Oder der Alte, der mit beiden Händen langsam und sehr vorsichtig eine Schale mit Nudelsuppe auf den Tisch stellt und sich, gebückt, rückwärts gehend wieder entfernt. Und die sehr Alte, die über Stunden nahezu bewegungslos, von beiden Seiten bedrängt, über ihrem Korb in einem Minibus hockt und vom Markt zurückfährt in ihr Dorf, in dem sie vielleicht eine ganze Handvoll Kinder großgezogen hat, die nun in den Städten ihr Geld verdienen.

Es sind Bilder, Blicke, Bewegungen, Begegnungen, die man nicht vergißt. Sie geben Rätsel und fordern zum Vergleich mit dem eigenen Leben auf.

Aber es scheint unmöglich, sie zu verstehen und ihnen wirklich nahe zu sein.

Was bleibt, ist die schmerzliche, ungestillte, schöne Sehnsucht dazuzugehören. Teil zu werden einer Welt, die mir so rätselhaft bleibt. Und so reise ich immer von neuem zu meiner großen, zufälligen Liebe Südostasien. Und versuche immer wieder, ihr doch noch näherzukommen.